［アサーション・トレーニング講座］ 平木典子・沢崎達夫　監修

教師のための
アサーション

園田雅代・中釜洋子・沢崎俊之　編著

金子書房

教師のためのアサーション ❀ 目　次

4章 アサーション・トレーニングの実際 113

装 丁／長尾敦子

アサーションの基礎知識

1　アサーティブな自己表現とは

1●アサーションとは

アサーション（assertion）とは聞き慣れない言葉かもしれません。英和辞典で調べてみると「主張」「断言」などという意味が書いてあります。また、形容詞のアサーティブ（assertive）には「断定的な」「自己主張の強い」などの意味が書かれています。ただ、このアサーションという言葉を辞書通りに「自己主張」という日本語に置き換えてしまうと、どうしても「一方的」だったり「押しつけ的」だったりするニュアンスがつきまとってきます。しかし、これでは本来のアサーションの意味とは異なるものになってしまいます。本来のアサーションの意味とは「自分も相手も大切にした自己表現」ということです。もっと具体的にいえば、「自分の考え、欲求、気持ちなどを率直に、正直に、その場の状況にあった適切な方法で述べること」ということなのです。すなわち、アサーションという言葉には「相手のことも大切にする」という意味があり、「自己主張」という日本語では、その意味が抜け落ちやすいのです。そこで、通常はこの言葉を日本語に訳さずにそのまま「アサーション」あるいは「アサーティブ」と述べ、あえて日本語にする場合には「(さわやかな) 自己表現」と表記することにします。

2 3つのタイプの自己表現

自己表現には3つの種類があります。アサーションを知るためには、そのなかでアサーションとはどんなものを指しているのか、またそれはアサーション以外の表現とどこがどのように違っているのかを理解し、アサーションとアサーション以外の表現との区別ができることが必要です。

攻撃的（アグレッシブ）な自己表現

攻撃的な自己表現とは、自分は大切にするが、相手を大切にしない自己表現をいいます。自分の意見や考え、気持ちははっきり言い、自分の権利のために自己主張はしますが、相手の意見や気持ちは無視したり、軽視したりするので、結果として相手に自分を押しつけることになります。常に相手を支配し、相手に勝とうと思ったり、相手より優位に立とうとする態度をとります。相手に自分の思い通りになってほしいと思っていますから、相手の犠牲の上に立った自己表現になってしまいます。

ただ、攻撃的という言い方から、大声でどなったり、暴力的にいうことを聞かせるようなイメージをもたれがちですが、それだけでなく、相手の気持ちや欲求を無視して自分勝手な行動をとったり、巧妙に自分の欲求を相手に押しつけたり、操作して相手を自分の思い通りに動かそうとしたりすることも含まれます。

具体的な場面を考えてみます。あなたがスーパーのレジに並んでいたところ、割り込んできた人がいたとします。攻撃的な自己表現をする人は「おい、おまえ、ここはみんな並んでいるんだよ！　後ろに並べよ」などと大声で怒鳴ります。

非主張的（ノン・アサーティブ）な自己表現

非主張的な自己表現とは、相手は大切にするが、自分を大切にしない自己表現をいいます。自分の気持ちや考え、信念を表現しなかったり、し損なったりするために、自分で自分を踏みにじることになります。「非主張的」のなかには自分の気持ちを言わないだけでなく、あいまいに言う、言い訳がましく言う、遠回しに言う、小さな声で言うなども含まれます。すなわち、表現しないことと、表現し損なうことの両方が含まれるわけです。相手に配慮しているようでいて、実は相手に対して率直でなく、自分に対しても不正直な行動です。

この傾向が強い人は、人間関係の主導権を相手に任せ、自分は相手の思いに合わせて、相手の様子をうかがって動く態度になります。日本人は相手を立て察することを期待し合う文化のなかで生きていますので、非主張的な傾向の強い人が多いようです。しかし、この傾向が強くなると、ストレスがたまりやすくなるし、相手から理解されていないという感じになりがちです。

先ほどの割り込みの例でいえば、腹が立つのに、一人でブツブツ言いながら、そのまま我慢してしまっているような場合です。

アサーティブな自己表現

最初に述べたように、自分も相手も大切にした自己表現のことです。自分の気持ちや考え、信念を率直に、正直に、その場に合った適切なやり方で表現します。お互いに大切にし合おうという相互尊重の精神と、相互理解を深めようという精神の現れともいえます。

しかし、アサーティブになれば、自分の欲求が通るというものではありません。お互いの意見や気持ちの相違によって葛藤が起こることもありますが、そこで安易に妥協したりしないで、お互いの意見を出し合って、譲ったり譲られたりしながら歩み寄っていき、それぞれに納得のいく結論を出そうとする、この過程を大事にします。すなわち、葛藤が起こることを覚悟し、葛藤が起きてもそれを引き受けていこうとする気持ちがアサーションの特徴です。話し合いの精神を大事にすることですので、自分が表現するのと同時に相手にも表現するように勧めることもアサーティブなあり方です。この意味で、「聴く」ことも立派なアサーションです。
割り込まれた場合の例ですと、「ここはみなさん、並んでいますから後ろに並んでいただけませんか」と冷静にはっきりと伝えます。

アサーションの考え方では、人間はそれぞれ考え方や感じ方が違っているのは当然であり、また相手はこちらの意図とは違う受け取り方をすることもあると考えています。そして、こうした違いは尊重される必要があります。したがって、まずお互いがその気持ちや考えを率直に表現し合い、それをお互いが大切にし合うことで、お互いが理解し合い、関係を深めていこうとするのです。そういう意味でも、ただ「自分の言いたいことを正々堂々と言う」「相手を傷つけないように自己主張する」だけがアサーションではないことに注意しましょう。

なお、こうした3つのタイプの自己表現は各自がそれぞれすべて行っているのが普通です。それが相手や状況によって変わってくることも知っておいたほうがよいでしょう。

2　アサーティブな自己表現法の歴史的・理論的背景

1●アサーション・トレーニングの起源

アサーション・トレーニング（あるいはアサーティブネス・トレーニング）と呼ばれる自己

表現法の発祥の地はアメリカです。その原型は、対人関係に悩んでいる人や自己表現がうまくできない人のためのカウンセリングの一方法にあります。行動療法と呼ばれるカウンセリングでは、カウンセラーが人の言動に直接働きかけて、より有効な言動の習得を促し、問題や悩みを克服する方法を伝えていきますが、そのなかに、「アサーティブ・トレーニング」があったのです。「アサーティブ・トレーニング」では、非主張的な自己表現をアサーティブな表現に変えることを主として援助していましたが、人の自己表現のパターンを前に述べたアサーティブ、非主張的（ノン・アサーティブ）、攻撃的（アグレッシブ）の三つに分けて考えたのです。発案者は行動療法家のウォルピーだといわれています。

ところが、彼は、非主張的な人の訓練をしていくプロセスで、非主張的な人がアサーティブになろうとすると、時にいきなり攻撃的になることに気づきました。そこで、彼は、アサーティブとアグレッシブの違いを区別することを重視し、非主張的な自己表現も攻撃的な自己表現もアサーティブな自己表現に変えることの必要性を説きました。

この考え方と手法は、一九七〇年代に入って、人種差別撤廃運動のなかで非暴力活動を主張していた人々や、女性差別の犠牲者となっていた女性、フェミニストのカウンセラーたちに注目されはじめました。アサーションの考え方と方法は、被差別者の人権回復と自己信頼の獲得に、そして自己主張をしてこなかった人々の自己表現の方法として役立つことが改めて見直され、認められることになったのです。

一九七〇年には、アルベルティとエモンズ共著の“*Your Perfect Right*”（『あなたの完全な権利』）という本が出版されました。彼らは、とくに人権の視点からアサーションを解説して、アサーションが自己表現の技法としてだけではなく、人の尊厳にかかわる人間のあり方や対人関係の心構えにかかわる基本的な考え方を含んでいることを強調しました。この本は、被差別的立場にいる人々や人権問題に関心のある世界中の人々に読まれて、数年間ベストセラーを続けています。そして、日本でも数年前に訳書が出版されています。

アサーションという考え方は、一九七〇年以後「誰もが自分の考えや気持ちを表現してよい」という表現の自由と権利の視点からとらえなおされ、より広い視野と方法を含んだ一つの訓練法としてまとめあげられ、それが世界にも広がっていったのです。

2●アサーション・トレーニングの広がり

このように一つのまとまった自己表現の訓練法として確立したアサーション・トレーニングは、とくに国連の国際婦人年（一九七五年）をきっかけに、フェミニストによって重要な女性支援の方法として歓迎され、フェミニスト・セラピーのなかにも取り入れられていきました。

一九七五年から一〇年ほど、女性のためのアサーションに関する著書が多く書かれ、多くの女性に読まれ、女性を啓発しました。このころ、日本でもフェミニストによってアサーションの本が訳されています。

ちなみに、私（平木）がアサーションを日本人に適した形に翻案して紹介したのは、一九八一年で、当時、対人関係に悩みはじめた日本の青年と女性に役立つと考えたためでした。

ただ、アサーションの考え方と方法に注目したのは、フェミニストだけではありませんでした。ほとんど時を同じくして、多くの人々がこの考え方と方法が、自分たちの仕事に有効であることがわかりはじめました。

第一は、キャリア・カウンセリングの分野です。アメリカはとくに、就職、転職、キャリア・アップの活動が盛んな国ですが、生徒や学生のキャリア・ガイダンス、日本のハローワークのような職業紹介の窓口、転職の相談などで、相当の実力や技術はもっているのに、自己アピールが下手だったり、アサーションができなかったりする人がいて、不利な立場に追い込まれることがわかりました。そんな人々への援助法としてアサーション・トレーニングが活用されていったのです。

日本では、バブルがはじけ、リストラの嵐が吹き荒れるようになって、やっと再就職などのキャリア・カウンセリングと職場の精神保健の向上・維持に産業カウンセラーがアサーションを取り入れはじめています。

アメリカでは、職場でもアサーションは注目されました。自他尊重の自己表現が活発で、自由なやりとりができる職場では、従業員の精神的健康度が高く、またお互いに自発性や創造性が刺激されて、いいアイデアや活発な動きが出るということがわかったのです。また、とくに諸外国との取り引きや外国支店勤務をする人々には、多文化間コミュニケーション訓練の一環としてもアサーションの訓練が取り入れられていきました。この分野では、日本でも外資系の会社の訓練に取り入れられています。また、セクシャルハラスメントの防止、予防にも活用されています。

次にアサーションに関心をもち、積極的にその活用を進めた人々にカウンセラー、医療・看護職、社会福祉職の人々がいます。主として他者の援助にかかわっている人々は、自分たちの仕事のなかで、アサーションができないで人間関係につまずいたり、不本意な立場に立たされたりしている人に多く出会います。アサーションの必要性に気づき、取り入れようとしていざアサーションを学んでみると、他者の援助の方法としてのみならず、自分たち自身にとっても不可欠だということに気づきはじめていきました。つまり、アサーションを伝えるには、まず自らがアサーティブになることの必要を感じたのです。

援助をすることが主たる仕事の職場では、生命にかかわるような仕事、過ちが許されない仕事、緊急を要する仕事、休む間もなく直ちに対応すべき仕事などが多く、命令や要求が次々と出されることが普通です。当然、それらすべてに対応することは不可能なときもあり、無理を続けると、援助者自身の健康や能力に限界がきます。そんな状態を「燃え尽き症候群」と呼んで、援助職への警告が出されましたが、それは他者を援助する人が、実は自分の面倒を見られなくなってはじめて、自分がアサーティブでないことに気づいた姿といえるでしょう。カウンセラー、看護職、幼児・児童虐待などに対応している児童相談所の人々は、常にこの危険にさらされています。とくにこの領域の人々には、「自分の限界を認めてノーを言う権利」を使うことの重要性が指摘されています。

また、学校では、いじめ、暴力、相互の助け合いの欠如、話し合いのスキル向上などにアサーションが認められ、教師自らがアサーティブになることと同時に、子どもたちに「さわやかな自己表現」を伝えることが始まっています。少子化、効率化、自己中心化のなかで、自他尊重の自己表現は、人権教育とともに重要な課題であることは間違いありません。

今後、グローバル化が進み、より複雑化、多様化していく社会のなかで、アサーションは、単に自己表現の方法としてだけでなく、人間の「不完全さ」と「違い」を認める人権尊重のあり方としてもますます重視されていくことでしょう。

沢崎達夫・平木典子

（アサーション・トレーニング講座 監修）

1章

教育現場の特徴とアサーションの必要性

1　子どもとアサーション

本書を手にしているのは、教師あるいは教育関係者の方が多いでしょう。教育現場で実践を重ねておられる先生方を身近に見るにつけ、業務の多忙さや短期間で問題を解決しなければならない場合が多いこと、「子どものために」という理念が職務の根底にあること、などに気づかされます。おそらく、日々の忙しい仕事の合間をぬって、「授業実践や生徒指導で、子どもたちに役立つ何かが得られるのでは」という期待をもちながら、アサーションに興味をもって本書を手にされたのではないかと思います。

まずはじめに、アサーションが教師にとってどのような意味をもつのかについて、次の二点を強調したいと思います。

ひとつは、子どものためにと思って実践していることをあらためて見つめ直すきっかけとしての意味、もうひとつは、子どものためではなく、教師が自分自身を見つめるきっかけとしての意味です。つまり、アサーションは子どもに対する教育実践に役立つだけでなく、教師自身が子どもと自分との関係、また自分自身の人間関係について、ふり返るきっかけと具体的な方法を示唆するという意義があるものです。1章では主として前者を、2章では後者をくわしくとりあげます。

そのことをふまえたうえで、まずは今の子どもたちがおかれている現状をアサーションの観点から見ていきたいと思います。

今の子どもたちの問題をアサーションからとらえる

今の子どもたちは、アサーションという観点からとらえると、さまざまな困難を抱えて生きているといえます。たとえば、日常生活で他者の困難な状況に対して傍観者的であったり、誰かと対立すると自分の権利を一方的に主張して譲らなかったり、といった姿が見られることもあります。一方で、思いやりをもって友だちに接しなければならない、目上の人には従わなければならない、などと大人から諭されたりもしています。とりわけ、今の子どもたちは、子どもであるということと、現代の社会変動のなかで生きているという二重の意味で、いっそう困難な状況におかれているといえるでしょう。

とくに、アサーションの観点からは、子どもたちが抱える問題として、以下の四点を指摘できると思います。

まず第一に、子どもたちが自分の心を確かめることができているかどうかです。「キレる」「ムカつく」という言葉で表されるように、怒りを攻撃的に暴発させることが、今の子どもたちの特徴として注目されています。はたして、キレたりムカついたりするときも含めて、子どもたちは自分の気持ちをどの程度確かめているでしょうか。私たちの社会自体が感情ではなく、手続きや手順を重視するシステムへと変容するなかで、「相手に気持ちがあること」や「自分に気持ちがあること」を、ともすると忘れがちになっています。子どもたちはそのような社会の影響をいっそう受けやすい立場にいると考えられます。「自分に気持ちがあること」を知らなければ、気持ちを表現することはできないのではないでしょうか。また、「相手に気持ちがあること」に気づかなければ、相手を無視してもなんとも思わないでしょう。

第二は、子どもたちが、自分の気持ちや考えを言ってもいいと、思っているかどうかです。第一の点が、人間関係が希薄になり自分や他人の気持ちを確かめにくくなっている現代社会の影響を大きく受けているのに対し、第二は、子どもが「子どもという存在であること」、つまり、まだ一人前の人間として認められない存在であることに関係しているといえるでしょう。「子どもは子どもである」という理由で、その考えや気持ちを尊重されてこなかった歴史があるのではないでしょうか。そのようななかでは、子ども自身が、自分の気持ちや考えを言っていいと、思えるはずがありません。日本でも、一九九四年に「子どもの権利条約」が批准され、子どもの権利や人権についての認識が深まりつつありますが、まだまだその途上にあるというのが現状でしょう。

第三は、子どもたちが、自分の気持ちや考えを言っても無駄だ、という無力感に陥っていないかという点です。自分の気持ちや考えを言ってみたとしても、大人や友だちから無視されたり、きちんと取り合ってもらえなかったり、お説教をされたりするばかりならば、無力感に陥っても不思議はありません。

第四は、子どもたちが、他人の話などとるに足らないと思っていないかという点です。これは、社会自体が実力のあるものが勝って当然という「実力主義」の考えに傾いていることの影響を受けていると考えられます。「弱いものはとるに足らない。無視して当然だ」という考え方が子どもたちに浸透していけば、弱い立場の人の話に耳を傾ける必要を感じなくなるかもしれません。

以上、今の子どもたちの問題とその背景を素描しました。「子どもたち、そして私たちは、お互いに心や気持ちや考えをもって生活している」という、考えてみれば当たり前のことを、私たちは、現代社会のなかで見失いがちになっています。そのことを、アサーションの考えは、私たちに、改めて教えてくれているといえるでしょう。

子どもにアサーションを伝える意義

子どもが抱えている問題は、子どもだけに原因があるわけではありません。むしろ、家庭や地域、学校、あるいは社会全体の問題、つまり大人の側の問題としてとらえなくてはならない場合のほうが多いといえるでしょう。したがって、子どもたちだけに問題の解決を求めるのは筋違いです。

しかし、大人だけが問題解決の責任を担うべきかというと、そうであるともかぎりません。子どもがアサーションを身につけて、自分の力でその問題を乗り越えていくなかで、大人が手を貸す、という構図で両者の協働作業によって問題解決をしていくことが大切です。大人が子どもにアサーションの考えやスキルを伝える意義は大きく次の二つがあると考えられます。

第一に、アサーションの考え方を知ることによって、子どもは希望や可能性あるいは自信を得るでしょう。アサーションとは、「自分も相手も大切にした自己表現」「自分の考え、欲求、気持ちなどを率直に、正直に、その場の状況にあった適切な方法で述べること」です。自分の考え、欲求、気持ちは大事にしてよく、またそれは、誰もがもっている権利であることを知るだけでも、子どもには大きな意味があるでしょう。

また、自分の言動に、非主張的、攻撃的、アサーティブといった表現の種類があると知ることで、自覚のないままキレたり相手を無視したりするのではなく、別の表現法を試みる余地が生まれるかもしれません。さらに、他者との葛藤はいけないことではなく、起こりうることであること、それらの解決に向けて自分たちにできることを探してよいこと、困ったときには助けを求めてよいことなどに気づき、一歩前に踏み出せるかもしれません。

第二に、アサーションの考えは、子どもたちの自分づくりや関係づくりの核としての意義をもっと考えられます。

アサーションは、自己犠牲的な配慮や思いやりでなく、他者否定的な実力主義でもなく、さらに他者も自分も傷つけないという「やさしさ」とも違います。相互的な存在としての他者との交流を基盤にした、人と人とのあり方の提案です。それは、子どもが学校や家庭で大人や周囲の友人にとって「都合のよい子」としてだけ存在するのではなく、自分自身の身体感覚や内面の声も大切にしながら生きていくことを提案しています。また一方では、他者と断絶するのではなく、他者を信頼し他者とつながり、共存する可能性を示しています。

大人から「みんなと仲良くしなさい」「暴力はよくありません」「大人の言うことには従いなさい」と言われつつ、他者の暴力にさらされながら、自分の暴力性にもとまどっている子どもは少なくないのではないでしょうか。アサーションは、自分と他者を尊重することをめざしながらも、自分のなかにも自分や他者を否定したりいじめたりしたくなる気持ちもあることをまず認め、そこから自分や他者との対話が始まるのだと考えます。

子どもが自分をつくっていくには、周囲や大人、友だちなどに対する外的な適応にエネルギーをさくだけでは不十分で、自分の内面に向き合うことも不可欠です。自分の内面と対話することによって、そこには、悪い面、攻撃性、暴力性なども含まれることに気づくでしょう。アサーションの考え方を知ることは、子どもにとって、他者と協働しつつ、自分をつくっていく際の、指針としての意義をもちうると考えられます。

アサーションへの疑問にこたえる

アサーションを子どもに伝える意義は大きいと考えられますが、なかにはそのことに対して疑問を感じる人もいるかもしれません。それらの疑問について、ここで触れておきましょう。

今の子どもたちにアサーションを伝える意義や必要性に懐疑的な立場からは、次のような意見があがるかもしれません。「アサーションの考え方は、日本文化になじまないのではないか」「アサーションのような権利を認めると子どもがわがままになるのではないか」「大人がアサーティブでないのに子どもに教えられるのか」といった疑問です。

これらについて一つずつ見てみましょう。

まず、アサーションが日本の文化になじまないのではないかという疑問についてです。

確かに、アサーションにはこれまでの「世間の常識」とぶつかる面があります。伝統的に日本では「謙譲の美徳」「和の精神」がよしとされ、あまり角を立てずに譲り合い、自分のことは脇において他者を思いやり、はっきり言わない部分については互いに察し合うことでやってきました。あまり個を主張せず、お互いに配慮し合って暮らすという生き方がよしとされてきました。そこでは、自分が他者からどう見られているかがとても重要です。

子どもに対しても「個性化」といいながら、自分を犠牲にした「思いやり」や「やさしさ」をよしとする傾向も多分にあるといえるでしょう。しかし、その一方で、競争の場をくぐりぬける実力や、自分の始末は自分でつけるという自己責任が大切であるとの考えも強まりつつあります。そこには、「負けた人」「使えない人」は価値がない、といった他者否定的・攻撃的なあり方が当然視される土壌があるといえるでしょう。これでは、「やさしさ」とか「思いやり」とか「支え合い」はきれいごとにしか見えないかもしれません。このような土壌が、「いじめ」や「暴力」を誘発したり温存したりすると考えられます。

現在の状況は「非主張的をよしとする伝統的な文化」に「攻撃的な価値観」が接ぎ木された状態にたとえられるかもしれません。非主張的をよしとする文化一色であれば、あまり問題は感じないのかもしれませんが、そこに実力主義的な考え方が急激に台頭してきたため、現在は、大人も含めて価値観が揺らぎ、混乱しているのではないでしょうか。このような状況のなかで、相手を大切にするか自分を大切にするかではなく、第三の道として相手も自分も大切にするアサーションが、日本の子どもにも求められていると考えられます。

次に、アサーションの権利を認めると、子どもがわがままになるのではないかという疑問について考えてみましょう。

この疑問の背景には、アサーションが正しく理解されていないことがありそうです。アサーションは子どものしつけを妨げるものだという誤解があるのではないでしょうか。アサーションは自分の権利だけを声高に主張するものではありません。自分にも人権があるのと同様に相手にも人権がある、その権利の相互尊重をベースに人との関係をつくっていこうとするものです。ですから、それは、しつけを妨げるというよりは、しつけの基礎を築くものだともいえます。

加えてこの議論の背景には、子どもはいまや十分すぎるほど権利を尊重されており、むしろそれが弊害を生んでいるという考えがあります。しかし、子どもの権利は本当に尊重されているといえるでしょうか。とくに、体罰や暴力の問題などから子どもは守られているでしょうか。また、もっと広い意味で、たとえば、「今の子どもたちは満足な遊びを経験しているか」という問いをたててみると、子どものおかれている状況がよりいっそう明らかになるように思います。

大人がアサーティブでないのに、子どもにそれを教えられるのかという疑問は、確かにその通りです。大人が自分のことを棚に上げて、子どもにだけアサーションを身につけさせようとするのは、おかしなことです。自分自身がアサーティブなあり方をめざすなかで子どもたちにアサーションを伝えることが必要でしょう。

しかし、完璧にアサーションを身につけた者だけがアサーションを伝えるにふさわしいかというと、そうとばかりはいえません。むしろ、完璧なモデルだけが意味をもつのではなく、自分自身や自分の対人関係を見直そうとして努力をしている姿のほうこそ、子どもたちにとって良いモデルであるとさえいえるでしょう。

また、アサーションを伝えるのにどんな立場の人がよいか、つまり教師がふさわしいかについても、議論が起こるかもしれません。親、教師、地域の人々、専門のトレーナー、子ども同士と、アサーションの伝え方にはいろいろなチャンネルがありうると思います。また、教師が伝える場合は、教師役割のなかにあるさまざまな側面との葛藤など、ある程度の矛盾が生まれることも想像されます。しかしそのような弱点を自覚したうえで、日常生活をともにする教師としてできること、したいことを模索することは、意義のあることと考えられます。この点については、3章でくわしくとりあげます。

2　学校教育とアサーション

学校生活場面における援助とアサーション

子どもにとって、学校で過ごす時間は、家庭や地域で過ごす時間とともに生活の基盤になります。授業、休み時間、給食、放課後、また特別活動などを通じて、子どもは安全で安心した生活を送っているでしょうか。アサーションの観点からは、子どもの人権が守られているか、すなわち、子どもたちがいじめや暴力にさらされていないかはとくに重要となります。また、保健室や相談室といったかぎられた場所だけでアサーションが通用するのではなく、学校全体がそのような場になることが、理想的には求められます。

近年、学校が果たす役割は広がり、従来であれば、家庭や地域社会で解決されていた問題がストレートに学校にもちこまれることが増えてきています。保護者や地域の人々、そして子どもにとって、学校が以前よりも、「特別な意味をもった場所」ではなくなりつつある、といえるかもしれません。

それに対して、問題が起こったときに教師がとる対処法は、子どもを「教え諭す」という従来のやり方からあまり変わっていないのではないでしょうか。これまで、学校のなかで強調されてきた価値は、学校目標や学級目標として示されてきています。たとえば、「仲良くする子」「思いやりのある子」「いじめない子」になろうということが、子どもたちに示されてきました。それ自体は現在でもそうあってほしい価値や目標ではありますが、ただ価値を教え諭すだけでは、問題の解決が困難になってきているのではないでしょうか。

アサーションは、学校にもちこまれるさまざまな問題に教師が対処し、子どもたちに安全で安心した学校生活を保障する際の道具の一つとして活用できるかもしれません。子ども一人ひとりの違いを尊重しつつ、解決への道を探るアサーションのアプローチが、有効性をもちうる場面も増えてくると考えられます。たとえば、放課後の掃除をサボる生徒を前にして「きまりなのだからやりなさい」と指導するだけでなく、そのとき感じている教師の気持ちや疑問を表現し伝え返すことで、新たな解決がみられる場合もあるでしょう。

さらに、子どもたちは友だちや教師との関係、進路の悩み、自分自身の性格や健康上の悩み、あるいは家庭での問題などといった、さまざまな困難にぶつかりながら、それらを解決し、危機を乗り越えることで成長していく存在です。そのような子どもたちに向き合い、その声を聞き、援助する教師として機能するために、アサーションの考えやスキルが役立つことが考えられます。

教師の行うこのような活動は「心理教育的援助サービス」であることに留意を促したいと思います。4章で紹介する教育実践は、ある程度構造化されたプログラムの形をなしており、それは「心理教育的援助サービス」のなかの一つとしての「心理教育」です。学校教育場面にアサーションを導入することは「心理教育」を含みながらも、もっと広がりをもつ心理教育的援助サービスの活動である、ということを強調しておきたいと思います。

従来から、生徒指導・生活指導の分野では、問題が起こった後の対応に加えて、問題が起こる以前の予防的・開発的アプローチの重要性が指摘されています。それら予防的・開発的アプローチの一つとして、構成的エンカウンター・グループやアサーション・トレーニングの実践的研究が行われてきています。

それに加え、「生きる力」を身につけること、総合的な学習や各教科、子どもの自分づくり(アイデンティティの形成)、進路指導など、アサーションとの関連で発展の予想される領域が、広がっています。学校教育では、社会化と個性尊重という一見矛盾する課題に直面します。アサーションは、自己と他者の相互尊重をベースとした人間関係のあり方の提案であり、それらの課題の達成への一つの道標としても、検討に値するといえるでしょう。

「心理教育」としてのアサーションの導入の仕方

次に「心理教育」としてアサーションを学校教育に導入する場合の留意点を整理しておきましょう。アサーションと一口に言っても、それを伝える際にはさまざまな入り方や切り口が考えられます。「心理教育」として導入する際も、子どもの年齢や発達段階、またその地域や学校・学級の特性などに応じて、そのねらいや方法は異なってくることが考えられます。ここでは、教師が、どこに重点をおいて、アサーションを導入しうるかの基礎になる視点を提供したいと思います。表1には、アサーション理解の7つの視点を示しました。これらは、もちろん相互に関連し合っているものです。順を追って説明していきましょう。

第一に、アサーションを自己把握のプロセスであるととらえる視点があります。自分の気持ちや考えを確かめるために、「自分と対話してもよい」ということです。これには「自分には感情があるし、自分の感情を大切にしてよい」という感情の理解に重点をおく見方と、「自分が何に価値をおいて生活しているか」を問い直すといった価値観の理解に重点をおく見方の二つがあります。

第二の視点は、自分の気持ちや考えを他人へ開いていく「自己開示」としてアサーションを理解するものです。自分の気持ちや考えを相手に表明してもよいのだという考えです。

第三の「他者への志向性」は、自分と違った他者の存在を前提として「他人を理解しよう」「他人に働きかけてみよう」とするものとしてアサーションを理解するものです。相互尊重、相互理解、他者への関心、他者との対話としての理解の仕方です。ただし、相手に働きかけた場合、必ずしも自分に都合のよい返答が得られるとはかぎらず、「ノー」と言われる覚悟ももたなくてはなりません。

第四は、第三と対になる側面です。自分と他人との境界線を引くものとしてアサーションを理解することです。すなわち、他人の気持ちや考えに必ずしも同調や同意をしない自分がありうるという視点です。ここでは相手に「ノー」という覚悟をもつことになります。

第五は、「自尊心や人権の自覚」や「エンパワーメント」としてアサーションを理解する視点です。自分の基本的人権を侵されたとき、立ち上がってよいのだということ、また誰かに助けを求めるということも含めて、自分たちに解決する力が備わっているという、

表１　アサーション理解の７つの視点

1	自己把握・自己理解
	(1)　感情の理解
	(2)　価値観の理解
2	自己開示
3	他者への志向性
4	自己の個別性
5	人権・エンパワーメント
6	自己受容
7	葛藤の解決スキル

理解も含めます。

第六は、人間は不完全な存在であり、自分にも欠点があることを認めるものとしてアサーションを理解する視点です。そのような等身大の自分を受け入れることで、より建設的な方向にエネルギーをさくことが可能になるのではないかという理解です。

第七は、葛藤や問題の解決スキルとして、アサーションを理解する視点です。「DESC法」(相手と問題を共有し、建設的な歩み寄りを実現するためのセリフづくりの方法)や「私メッセージ」などの技法を利用して、より円滑なコミュニケーションや問題解決を図るという側面を重視します。

以上、アサーションをどう理解するのかについて、7つの視点を示しました。「心理教育」におけるアサーションの導入はまだ始まったばかりです。今後、アサーションの何をどういう場面でどう伝えるかいっそうの実践的研究が必要でしょうし、それにもまして心理教育が一人歩きしないで他の教育活動と整合性をもって実践されることの重要性を指摘したいと思います。

私たちは、自分や他者に対する尊敬を基盤とした、新たな価値を創造しうるアサーションが学校教育活動に根づくことを、心から願っています。そのために、本書がいくらかでも役立ち、今後さまざまな角度からの実践が積み重ねられていくことを期待しています。

(沢崎俊之)

2章

教師のためのアサーション

1　教師自身がアサーティブになる

子どもたちにアサーションを伝えるには、まず「伝え手である教師が日々のコミュニケーションにおいてアサーションしていこうとすること」「アサーションを教えていく教師自身が子どもや親、同僚などとのコミュニケーションで、アサーションを心がける姿勢をもつこと」が重要な意味を担っています。本章では、この意味についての検討からはじめたいと思います。

教育現場でのアサーションへの関心

「自分と他者の双方を尊重する精神で行うアサーション」とは、スローガンとして実に耳ざわりのよい言葉でしょう。また、総合的な学習が二〇〇二年度から本格的に始動しましたが、それには、「自ら課題を見つけ、自ら考え、主体的に判断し、よりよく問題解決する資質や能力を育てる」「学び方やものの考え方を身につけ、問題の解決や探求活動に主体的、創造的に取り組む態度を育て、自己の生き方を考えることができるようにする」といった二つの指導目標があります。アサーションの教育はこれら二つの目標と密接に関係しているといえます。そして今の教育現場における、より現実的・日常的な問題として、子どもたちに切実に身につけさせたいもののひとつに、自己表現の力、人づきあいの仕方、コミュニケーションのスキルがあることはいうまでもありません。

「子どもたちのコミュニケーション力が以前に比べて落ちてきている」ことについて、たとえば「友だちをつくれない」「ちょっとしたトラブルでも自分たちで解決できない」「トラブルを恐れるあまりか、言いたいことも言えない」「逆に、相手を傷つけるような言動や、衝動的に爆発するような子も増えている」「親の前ではむしろ『いい子』を演じ、学校で荒れたり、過度に甘えたりする子がいる。親に対し、子どもが本音を出せなくなっていることもありはしないか」などの意見を教師の方々から聞くことが、ここ五、六年、とくに増えてきたような気がしています。その状況のなか、教師が子どもにアサーションを教えていくことは、こういった問題への有益な働きかけとなる可能性に満ち、コミュニケーション力を育てることに直結するという希望を抱かせてくれます。実際に、アサーションに対する、教育現場からの関心は年々高まっているとの印象を私も抱く一人ですし、教師による地道な取り組みも、4章に例示されているように生まれてきています。

しかし仮に、アサーションの本質が十分に理解されず、アサーションという言葉だけが勝手に一人歩きしたら、それは非常に危険だとも考えます。とくに、子どもたちへの影響力が甚大である教師から、アサーションが誤って伝えられたなら、皮肉にも以下のような不幸な現象が教育現場に生まれかねないのでは、と私は危惧するものです。

アサーションは相手を思い通りに動かすためのものか

たとえば、ひとつに、教師が子どもに「正しいとされるアサーションを一方的に注入する」「鋳型にはめ込むようにアサーションを教えこむ」「アサーションをできない子はだめ、アサーションをできる子はいい、などの優劣の価値づけをする」といったことが起こりはしないか、という危惧があります。あるいは「その教師の価値観に照らして、受け入れられるアサーションしか認めない」ようなことが生じたりしないだろうか、という不安です。残念ながらこれらは、アサーションがねらうところの自他相互尊重のコミュニケーションではなく、自分の思い通りに他者を動かすための方便として誤ってアサーションがとらえられてしまっています。もしも教師がこのような態度でアサーションを実践しようとしたら、いわゆる悪しき「学級王国」の産出となりかねません。私がなぜこういった危惧・不安を感じるかというと、次のような感触を抱くことがあるからです。

アサーションについての講演やワークショップを学校で教師向けに依頼される場合（依頼をいただくこと自体は非常にありがたくうれしいのですが）、通常、その時間枠は多くても二時間くらいしかありません。時間の捻出がままならないのだなあ、本当に先生方は毎日お忙しいのだなあ、といつも痛感させられるのですが、そのような短い時間枠でしかお伝えできないせいもあるかもしれません。たまに、子どもや同僚などを自分の思い通りに動かすための簡便なノウハウをアサーションに求めているのだろうか、アサーションとはそういったものという先入観がおありなのだろうか、といった印象を先生方の発言から抱くこともあります。また、これこれの場合にはどういったアサーションが有効か、どんな言い回しが効果的か、相手を言い負かしたり言いくるめたりしやすいか、相手に勝てるかといった観点からの質問、もしくはコミュニケーションを効率と勝ち負けの視点からとらえたご意見などが多い、と感じるときもあります。

「教師受難の時代」といわれる昨今、他者を思い通りに動かすノウハウや、効率よい説得法などを先生方が切実に求めざるをえない状況が学校のなかにあるのかもしれません。また、失敗やハプニングを忌避しやすい「教師文化・学校文化」のなかに、あるいは、教師の個人裁量にゆだねられる反面、まわりからのサポートを得にくいという教育の仕事や、学校がもつ組織体制のなかに、そういった傾向をあおったり、強化したりするメカニズムがあるのかもしれません（このことについては後述します）。いずれにしても、アサーションは自分に都合のよいコミュニケーションを一方的に推し進めるためのものではないこと、相手を思い通りに動かしたり、自分の支配下においたりするためのものではないこと、このことをとくに先生方には十分にご理解いただけたらと願う次第です。

アサーションは子どもをわがままにするものか

また一方で、アサーションを浅薄に受け取られたりすると、次のような誤解も生まれがちなようです。先生方から実際に時々受ける質問に、「子どもたちがアサーションを学んだら、わがままになるのではないか。たとえば、『校則を守りたくない』『そんな校則はいやだ』『こういうことを言うのもアサーションだ』と子どもたちが口々に言い出したら、教師はどうしたらいいのか。子どもたちの意見や気持ちも尊重しなくてはと思ったら、『校則だから』と前のように簡単に言えなくなる。そうしたら余計に、子どもたちに教師はなめられることになるのでは。なまじ教師がアサーションを心がけ、子どもたちにアサーションを伝えたりしたら、かえって教育現場は混乱し、収拾がつかなくなりはしないだろうか」、こういった問いがあります。

さて、これについてあなたでしたらどうお考えになるでしょうか？

ここではぜひ、アサーションが「自分と相手の双方をともに尊重しようというコミュニケーション」であること、「相手に対して、自分が表現したい気持ち・意見・考えなどを、なるべく率直に、正直に、しかも適切な方法で伝えようとする自己表現」であったこと（1〜5頁参照）を思い出してください。つまり、アサーションには、ただ相手の言い分を受身的に聞くのではなく、自分が何を言いたいかをつかみながら、伝えたいことを相手に伝えていくという局面も含まれていることを忘れないでいただきたいのです。今はあえて相手に伝えないでおこう、という「伝えない」選択ももちろん、自分で行っていいわけですが、伝えたいものがこちらにあるときは、それを伝え返すのが自然なコミュニケーションでしょう。言いたいことがあるとき、それはアサーティブに言ってよい、お互いにアサーティブに伝え合ってよい、アサーションをしたいときはアサーションしてよいという点で、私とあなたはお互いさまであり、人間として平等であるということ、ここが、まさにアサーションが相互尊重のコミュニケーションたるゆえんです。

先の例の場合にしても、子どもたちに「校則を守りたくない」「そんな校則はいやだ」などと言われたとき、それに対して何と自分は言いたいか、自分の考えは一体何だろうか、そして子どもたちにどう自分なりに伝え返していきたいか、そういったことこそが教師に問われるはずです。仮にすぐに考えがまとまらなければ、「ちょっと待って。先生にも簡単に言えないところがあってね」「みんながアサーションしてくると、けっこう突き付けられて厳しいなあ。

よーし、先生もそれについて自分の意見をアサーションしてみると……」など、表現そのものは十人十色でいいでしょうし、明言の口調でなくてもいいでしょう（教師であっても、いつもきっぱりとした迷いのない話し方をしなければならない、間違ったことを一切言ってはならないというものでもありません。そんなふうに思っていたら、およそ自分の意見や考えを柔軟に発信することは不可能になってしまいます）。肝心なのはおそらく、子どもからの問いかけを教師が真摯に受けとめ、それを返そうという基本的態度が教師にあるか、そしてその基本的態度が生きた姿として子どもに伝わるかどうか、なのだと思います。そこで子どもたちに何も言えない、なめられるのではと恐れてしまう、というのであれば、それは、子どもに向けて発信できる意見や、対峙させうる自分なりの考えがもともと乏しかったという面がありはしないか、と思います。もしも「校則だから」と杓子定規にしか言えないとしたら、教師の肉声や意見が子どもたちに伝わることはないままとなります。子どもたちが教師に親しみを感じたり、信頼に値する権威としての敬意や信頼感を築いたりしていくのは、大上段に構えた特別な場面ではなく、むしろ、こういった日常のちょっとしたやりとりからと思われますが、その機会がみすみす失われてしまうことになるでしょう。

アサーションは決して、相手の言い分だけを聞いたり、相手を受け入れるふりをすることではありません。自分の意見などをきちんと伝えたいときはきちんと伝え、毅然と表現したいときは毅然と表現する（そして相手から返ってくるものを待ち、またやりとりをしていく）、リーダーシップを発揮したいときは発揮するといったことも、まさにアサーションです。

「子どもにアサーションを教えたりしたら、余計にわがままになり、収拾がつかなくなるのでは」「教師がもっと子どもになめられるのではないか」といった先生方の不安については、厳しい教育現場に関する話や、先生方の徒労感などを耳にすればするほど、そう思われるのももっともだとわかる気がします。日ごろ、生徒指導や子どもたちとのかかわりで悪戦苦闘されている先生方に、本当に頭の下がる思いがいたします。けれども、「もっとなめられるのでは」といったこの種の不安は、子どもにアサーションを伝える・伝えないということ以前に、教師が自分の意見・考え・気持ちなどを把握できにくかったり、自分自身を大切にしきれていなかったりすること、また教師をそうさせやすい教育現場・社会構造のあり方に、そもそも端を発しているように感じます。

おそらくそこには、教師の自信を喪失させたり、自分の意見を不明瞭なままにさせやすいといった、教育現場に内在している構造的な問題があるのでは、さらに、そういった教育現場を生み出す社会構造の問題が背景にあるのでは、と私は感じています（これについても後述します）。「なめられるのでは」といった不安を口にする教師を、個人的に批判したいのでは決してありません。むしろ、そういった問いかけを正直に投げかけてくださる先生方に感謝したいと思っていることを念のために明記しておきます。

以上、アサーションが誤解されたまま教師から子どもたちに伝えられていくとしたら、その場合、どのような危険がありそうかについて述べました。これらのことはあくまで私の杞憂かもしれません。これまでお会いした多くの先生方が、アサーションの本質についてよく理解してくださり、「子どものためのアサーション」と銘打ったような短時間の講演会・ワークショップであっても、終了後、「子どもに教える前に、まずは自分自身ですね」「教師向けの研修こそ重要」といった感想を口にされることが実際のところ多かったのです。また、「子どもに『いじめはだめ』『陰湿な仲間はずれはいけない』と言う前に、教師同士の仲をもっとオープンにし、腹を割ってつきあえるようにしないといけないと思った」「職員室で教師が弱音を吐けないのでは、子どもが本音を言えるわけがないですよね」といったコメントも多くいただきました。本当にそうだと私は思っています。

教師がアサーションをめざす「生きたモデル」となる

確かに、アサーティブな自己表現をしている、もしくは少なくともそれを心がけている人からでなければ、子どもたちはアサーションの真髄をつかみとることは難しいでしょう。子どもという存在が、大人から口で言われたことよりも、自分で「いいな、面白そう」などと実感したことを自分に取り入れていく天才であることを、私たちはよく知っています。仮に、教師同士が学校で言いたいことも言えず、閉塞感を抱き、いつも相手の顔色をうかがっていたら、あるいは攻撃的な物言いが飛び交い、人のあげ足取りが多いなどの殺伐とした関係であったとしたら、どうでしょうか。いくら子どもたちに「気持ちよいコミュニケーション」と唱えても、子どもたちの胸にはなんら響かないでしょう。学校のあり方や教師同士の人間関係などについて、教師自身がストレスを溜めこんでいる状態で、子どもたちに自他相互尊重のアサーションを伝えていくのは至難のはずです。

子どもたちに教師がアサーションを伝えるには、あるいは、学校教育という場でのいろいろな問題に対するひとつの風穴としてアサーションを導入するには、何と言っても教師自身がアサーティブになろうとすることが必要に思います（しかし、これは「教師がアサーティブになりさえすればすべて解決する」というのではありません。これについても後述します。また教師が完璧なアサーションをいつもしなくてはいけない、といった意味でも無論ありません）。教師とは、他の職業に比べ、常に子どもとの、親との、同僚・管理者との多様なコミュニケーションを求められ、それにさらされる職業です。ですからコミュニケーションの「るつぼ」のような学級・学校において、教師が長期的に息長くアサーティブを志向すること、試行錯誤をしながらアサーションをめざしていくこと、これは子どもにアサーションを伝えるうえでの、最大の鍵となると思います。そして、子どもたちとのコミュニケーションにおいて日々アサーションを実践する教師の姿や、教師同士の互いに認め合いコミュニケーションしていく言動などを、子どもたちが目の当たりにできれば、それは子どもたちにとって、「自分たちもアサーションしていこう」「アサーティブであるのは気持ちよさそうだなあ」「先生と一緒に、自分たちもアサーションを身につけていきたい」という、大いなる励ましになるはずです。

では、教師が今の教育現場でアサーティブになるにはどうしたらよいのでしょうか。これにはいろいろな選択肢があるかと思いますが、私はここで「教師が自分の人権を守り、自尊感情を育てること」「人権や自尊感情をないがしろにせずに、アサーションしていこうとすること」と答えたく思います。どうしてかというと、それはひとえに、今の教育現場には教師が自分の人権を守れなかったり、あるいは自尊感情を低下させやすい問題があり、その問題は個々の教師の限界、力量不足などから生じているというよりも、先述したように、そういった問題を惹起する社会的・構造的背景があるためではないかと、とらえているからです。それで次節では、「教師がアサーションを学ぶ意味」について、とくに「人権・自尊感情」といった観点から検討を加えていこうと考えます。

2 教師がアサーションを学ぶ意味
――教師が自分の人権を守り、自尊感情を育てる

まず、人権・自尊感情の各々の定義をおさえ、それらとアサーションとが基本的にどのような関係にあるかについて触れましょう。

人権

人権について手元の辞書をひくと、次のような定義がなされています。「人間が人間として生れながらに持っている権利。実定法上の権利のように自由に剥奪または制限されない。基本的人権」(『広辞苑』第五版)。

つまり、人権とは、「人々が生存と自由を確保し、それぞれの幸福を追求する権利」(『みんなの人権』)、「人として誰もが共通にもっていて、おかすことのできない権利」(『わたしの訳世界人権宣言』)のことであり、アサーションも人権として定位できることが明らかです。「ア

サーションの基礎知識」のところで、アサーション・トレーニングが生まれ発展してきた歴史的背景について述べられており、このトレーニングが基本的人権についての社会的運動と密接な関連をもっているものであることが指摘されていました（5～10頁）。つまり、自分の意見や考え、気持ちなどを他者に伝えたいときに伝えることとは、まさに基本的な人権であること、それは人種・年齢・性別などの属性を超えた天賦の権利であること、ただし他者の人権をもお互いに尊重することが必要不可欠であり、換言すると、他者の人権を侵さないかぎりにおいて、自分のこの人権を誰もが行使できるということ。これらの事柄はいずれも、人がアサーションしたいときにアサーションするうえでの確かな支柱、かつ礎石となる事柄です。人権についての認識をもてると、それは自分にも他者にもアサーションを認め、アサーションの試行や実行を促す原動力となりえます。同時に、自分がアサーティブにコミュニケーションしていくことそのこと自体が、自分の人権を日常的に使うことになり、また他者の人権を実感を伴いながら尊重することにもつながります。人権とアサーションの関係についてまとめると、両者は互いに相乗的に作用する、循環的な関係にあるといえます。

自尊感情

続いて、「自尊感情（セルフ・エスティーム）」についても、その意味をおさえておきましょう。たとえば、ある辞典には、「自分自身に対する肯定的な感情。自分自身を価値ある存在ととらえる感覚」（『カウンセリング辞典』ミネルヴァ書房）と載っています。また「自己に対する評価感情で、自分自身を基本的に価値あるものとする感覚。（中略）自尊感情は、その人自身につねに意識されているわけではないが、その人の言動や意識態度を基本的に方向づける」（『心理学辞典』有斐閣）という記載もあります。かみくだいて言うならば、「自分を大切な人間と思える感覚」「自分をかけがえのない存在としてとらえ、これからもこの自分とていねいにつきあっていこうと思える感じ」「自分には短所も失敗もあるけれど、それを含めて自分を大事にしたいと思う感情」などが、自尊感情の意味となります。

そして、この自尊感情とアサーションとのあいだにも、人権とアサーションのあいだと同様に、深い関連や循環的関係があるわけです。たとえば、個人に自尊感情があれば、自分なりに表現してもいいのだと思いやすく、最初からうまく表現できなくてもいい、できるところで表現してみよう、といった一歩が踏み出しやすくなるでしょう。そして、そういった踏み出しの際に、自分と他者の双方を相互に尊重しようというアサーションが、生まれやすくもなるはずです。なぜなら、自尊感情の内在によって、自分の言い分だけを押し通すといった一方的な態度ではなく、他者からの表現を受けとめたり、相手が何を言いたいのかを落ち着いて把握してみようという動きも生まれやすくなるからです。自尊感情がある人ほど、他者を尊重しようという傾向があること、自分と他者の意見の相違に寛容になりやすいことは、心理学上の種々の先行研究でも示唆されている通りです。

先に、人権は、アサーションをするうえでの支柱かつ礎石だと言いましたが、自尊感情も人権と同様の機能を担っています。すなわち、自尊感情があればあるほど、人はいっそうアサーティブになりやすく、また一方で、アサーティブになろうと心がけることを通じて、人は自分の自尊感情を実感したり醸成したりしやすくもなる、と総括できます。アサーティブに表現しようとする場合、自分がどのような気持ちや考え、意見などをもっているのか、仮にすぐにはっきりしないものであってもそれを打ち捨てたり、安直に決めつけたりせず、自分の内面の声を大切にしよう、自分自身とじっくりとつきあってあげようという姿勢が求められます。また、心に浮かんだ言葉や実際に口にした表現が本当に自分の言いたいことと噛み合っているかなど照合し、確かめていくといった姿勢も求められます。アサーティブなコミュニケーションには、言葉にして他者に伝え合い、確かめ合うといった個人間の対話と、それと同時並行的に、こういった個人内における対話もまた必要とされます。そしてこの個人内の対話は、自尊感情を自分で耕し育てていくことに直結しています。

誰にとっても重要なアサーション

ところで、以上述べてきたことが、とくに教師のみに該当する事柄でないのは当然です。人権ならびに自尊感情が、アサーションと深い関連性があり循環的な関係にあることは、どんな人にも当てはまることです。繰り返しになりますが、人権は元来、生まれつき誰にでもあるものであり、自尊感情は誰にとっても極めて重要です。そして、「自分の言いたいことをなるべく率直に正直に、しかも適切な方法で伝えようとするアサーション」もまた、誰にとっても大切な事柄です。アサーションを子どもたちに伝え、教えるとしても、アサーションは決して子どもたちにだけ必要なものではないこと、年齢を超えて誰にとっても、アサーションしたいときにアサーションできることは重要であること、これについては次のような二、三の例示だけで十分でしょう。

ひとつに、「仲間に入れて」「仲間に入ってもいいか」と、自分が言いたいときにアサーティブに言えるかどうか考えてみましょう。これは、幼児・児童・若者にとっても、あるいは「公園デビュー」の母親にとっても、また、職場での人づきあいにとっても重要といえます。さらに長寿社会において、高齢者が身近なコミュニティのなかで新たに友だちづくりをしていくうえでも、この一言は大切な意味を担っているはずです。ささやかかもしれませんが、人が人とのかかわりを楽しめたり、自分の喜び・幸福を自分でつくっていったりする、その契機となりうるのが、アサーションではないでしょうか。

あるいは、「自分が困っている、苦しい」「私を助けてほしい」などと言いたいときに言えることも、大人であれ、子どもであれ、本人を守る非常に大切な能動的な働きとなります。たとえば、仕事・私生活のストレスや過労で心身を痛めつけたり、孤独な育児に無力感やいらいら感をつのらせたり、いじめなどで子どもが自殺に追いやられたりしないためにも、「困っている、苦しい」「助けてほしい」「胸のうちを聞いて」などの表現は、まさに貴重なアサーションとなります。

そして、お互いの意見を出し合い、ズレや食い違い・葛藤をもとに歩み寄ろうとしていく、もしくは納得して自分の意見を変えていくといったコミュニケーションは、職業上どういった職種であっても必要なはずです。本来、ズレや葛藤などがまったくない職場や職業上の対人関係といったものは、ありえません。また家族内や、親しい人とのやりとりといったプライベートなコミュニケーションにおいても、その種のアサーションは必須でしょう。結果的に自分の意見が通らなかったとしても、ただ言いたいことを溜め込んだりし、ストレスをつのらせるのでなく、その過程で公平に話し合えたという手応えや、自分の言いたいことも伝えられたといった満足感があれば、それは自信になり、同時に、相手へのいっそうの信頼感や親しみを育てることにもつながるはずだからです。

以上述べたように、人権・自尊感情・アサーションということが教師にだけ特別に必要なわけでもなく、教師にのみ意味深いわけでもないということ、このことは本論の大前提です。そのうえで次に、「今、とくに教師がアサーションを学ぶ意味はどこにあるのか」といった本題について考えを進めます。先に述べたように私はこの問いについて、「学級・学校で子どもたちにアサーションを伝えるには、教師自身がアサーティブになることを志向してほしい」と考え、「教師がアサーティブになるには、教師が自分の人権を守り、自尊感情を育てる」こと、「人権や自尊感情をないがしろにせずに、アサーションしていこうとする」ことが重要であると、とらえています。教師がおかれている今の教育現場、ならびにその教育現場を生み出している社会に、教師に対し人権をないがしろにさせたり、自尊感情を喪失させたりしやすい構造的要因があるのではないか、その現れとして、教師のバーンアウト（定義などは後述します）の増加があるのではないか、と感じているからです。

人をコミュニケーション下手にさせる現代社会

先にも述べましたが教師という職業は、平常の授業にしても生徒指導にしても、常にコミュニケーションが要求される職種です。たとえ高邁な教育理念や高度な専門的知識があろうとも、教師が一方的に知識を披瀝するだけでは授業の成立がもはや難しくなっていること、これは大学などの高等教育機関ですらすでに常識となってきています。また、生徒指導にしても、その基本はコミュニケーションにあるとはよく言われる事柄です。その他、親との間にも、また同僚・管理職との間にもさまざまなコミュニケーションを形成していかないと、教師の仕事は現実に進みません。これほど日常的に、かつ継続的にコミュニケーションを求められ、しかもそのコミュニケーションが対象・内容に即して多種多様であることを要求される職種は他にはあまりないかもしれません。文字通り、コミュニケーションの「るつぼ」で、教師は日々、仕事をしているといっても過言ではないでしょう。

翻って考えてみますと、もともと「教育」とは「人間に他から意図をもって働きかけ、望ましい姿に変化させ、価値を実現する活動」（『広辞苑』第五版）ですから、その働きかけにコミュニケーションが内在せざるをえないのは自明の理となります。それがひとりの子どもへの個別指導であっても、学級活動や部活動などの集団に対しての指導であっても、人と人がそれぞれの背景をもちつつ関係しあうという点で、教育が社会的な活動であることに変わりはありません。そして、元来そういう意味においても、学校は子どもにとって他者と出会う場として大切な環境であるといえるのです。

このように、教育という機能には、現実的にも理念的にもコミュニケーションがつきものであるわけですが、それならば、教師とは皆、コミュニケーション力が高い人たちなのでしょうか。教師のコミュニケーション力は高いことが当たり前であり、逆に、コミュニケーション力の乏しい教師がいたら、それは問題教師ということになるのでしょうか。そして、コミュニケーション力の乏しい教師を矯正し、彼らのコミュニケーション力を向上させることさえすれば、より良い教育が結果的に生まれるのでしょうか。たとえば「不登校」「いじめ」「学級崩壊」「荒れ」といった、今の教育現場で多発している子どもたちの種々の問題は、教師がアサーティブになりさえしたら片付くのでしょうか。あるいは、子どものコミュニケーション力の低下といった問題は、教師のコミュニケーション力の不十分さに起因しているのでしょうか。

もちろん、これらの問いへの答えはいずれも「ノー」となります。なぜなら、たとえば子どもたちのコミュニケーション力の低下にしても、教育現場で顕著に目立つものの、そこにおいてのみ起こっている現象ではありませんし、教師のあり方が原因で発生したことでもありません。「教師のあり方によって、結果的に子どもたちのコミュニケーション力が落ちた」というような単純な因果づけはなんら実証的でなく、安易な犯人探しも（犯人を教師ではなく、親とした場合であっても）生産的ではありません。子どものコミュニケーション力の低下はそういった単純な因果づけなどでは論じられないほど、複雑な社会背景によるもの、社会の構造的変化・システムの変化によるものであることが明らかです。このことを簡単におさえておきましょう。

そこにはひとつに、都市化・少子化・核家族化といった大きな社会の流れがあります。子どもが多様な人づきあいについて、家庭や地域社会のなかで大人から教えられ、あるいは自分で体験的に盗み取っていく機会が以前に比べ激減していること、さらに、高度情報化・ハイテク化のなかで、人が直接的にコミュニケーションする機会も相対的に前より減りつつあること、こういったことが背景には大きく作用しています。「個人主義」が悪しき副作用として「個人中心主義」「ミーイズム（自分さえ良ければいいといった自己中心主義）」をもたらし、共同体としての地域や家庭をさらに崩壊させていったことも関与しています。つまり現代とは、コミュニケーションについて人が日常のなかで自然と練習したり、試行錯誤したりする機会が減っており（言い換えるなら、その種の練習・試行錯誤をしなくても安全な生活が基本的に成り立つという意味において、確かに便利な、煩わしさの少ない社会になったとも言えるわけですが）、子どものコミュニケーション力の低下は、そういった社会の構造的・システム上の変化や、大人のコミュニケーションのありようが変化したことの、写し鏡であるわけです。通常、子どもが発達する際の基盤は家庭や地域社会となりますが、そこにおいて直接的に、もしくは観察学習によってコミュニケーションを習得していく機会が減れば、それだけ子どもがコミュニケーション面で不器用になるのも当然でしょう。

加えて、子どもが遊びを通じて社会性を発達させていくには3つの「間」、すなわち「時間・空間・仲間」が必要とはよく言われますが、これら3つの「間」が今の子どもに乏しいのも、社会の構造的・システム的変化と大いにからんでいることがおわかりかと思います。なかでも、異年齢集団の遊びの崩壊は、自分よりも弱い者への気遣いをしたり、他者から自分にないものを学びとったりする体験を乏しくしてしまいます。ですから、コミュニケーションのなかでもとくに、自分がすぐには理解できないような、ひときわ想像力・忍耐力などが求められるコミュニケーションを子どもたちが苦手としてきていること、自分と親しくはない他者をも公共の場などで思いやるといった社会性が身につきにくくなってきていることも、ある意味で自然な帰結かもしれません。

そのうえ、現代社会において多様なコミュニケーションが苦手となってきているのは、子どもだけの話ではなく、親もまた同じだということ、親も時代の申し子であることを考え合わせる必要があります。親自身が多様なコミュニケーションの学習をしないまま、親となっているという現象があるわけです。たとえば、家庭教育やしつけには、親子の間で必然的に起こりうる欲求不満・葛藤やその対処がつきものです。が、もしも親がその種のコミュニケーションを身につけておらず、それをただ困ったもの、対処不能なものとして回避しようとすれば、それは家庭教育やしつけの放棄ともなりがちでしょう。おそらく、本来は家庭教育・しつけですべきことまでを、教師・学校に求める風潮が生まれたのもこういったことと関連があるはずです。ですから、コミュニケーションを苦手としやすい社会に親も生まれ育っており、親になったからといって急に子どもとのコミュニケーションがうまくなれるわけではないこと、現代の親にとっては育児が初めての、自分とは異質な、よくわからない生身の人間と継続的につきあう経験であったり、欲求不満・葛藤に対処しないといけないリアルな経験であったりすることも多いのではないかということ（このへんのことが、最近の「児童虐待」の多発と深い関係があるのでは、と私はとらえています）をおさえておく必要があるでしょう。

その社会のなかに生きる教師――「教師受難時代」について

教師も、この社会のなかに生きている大人の一人です。たとえ「教師だからコミュニケーションはうまいはず」「教師が人づきあいに長けていて当然」という期待や通念があるとしても、社会的・構造的変化の影響が教師にのみ及ばないというわけがありません。また現に、教師になる人だけが特別にコミュニケーション力を高める教育を受けてきているわけでもありません。教職に就いたかつての学生たちが、職場でのコミュニケーションに苦労している話を聞かせてくれるとき、よく「学生時代までは、気に入った人とだけつきあっていれば済んでいたが、教師はそういうわけにいかない」「他の職業でもおそらくコミュニケーションに苦労しただろうが、教師になったら一挙にいろいろな子どもや大人と臨機応変なコミュニケーションをしないといけない。学生までのときと、教師となってから要求されるものとの間にギャップがありすぎて、馴れるのにたいへん」「こんなに苦労するとわかっていたなら、学生時代までにもっと人づきあいの練習をしておくんだった」というようなことを語ってくれることが、しばしばあります。教師だからといって皆が皆とりたててコミュニケーション力が高いわけではないこと、それは社会状況からいっても自然であること、教師をしていくなかで必要に迫られコミュニケーション力を伸ばしていくしかないことなどを、彼らの実感にあふれた言葉から思い至ることがあります。

以上を整理しますと、現代社会には、人間のコミュニケーション力を低下させやすい社会的・構造的な要因があり、その一環として子どものコミュニケーション力の低下が目立つこと、教師であってもとくにコミュニケーションについて学習を重ねてこないまま、この現状に対応せざるをえないということ、また親の家庭教育力の脆弱化などから、本来家庭教育で担うべき事柄までが代償的に教師・学校教育に求められやすくなっていること、が指摘できます。雑なたとえですが、「自分の持っている鋤や鍬の働きが昔よりも悪くなっている。それにもかかわらず、耕さないといけない畑は以前より荒地の状態であり、またその面積もはるかに広くなっている」といったような現状が今、教師を取り巻いているように感じます。となると、教師がいっそう多忙へと駆り立てられやすく、またストレスの多い状況に追いこまれやすいであろうことは想像に難くありません。まさに「教師受難の時代」ということになりますが、これにはもう一点、次のような現代社会の構造的変化も関係していると言えましょう。

それは、学校の魅力ならびに教師の権威が現代社会において相対的に低下してきているという事柄です。たとえば「学校は仲間がいて楽しく遊べるところ、そこで学ぶことは有意義なことといった、『学校の経験の自明性』が次第に希薄になった」という指摘があります（藤田英典著『子ども・学校・社会』）。経済的に豊かな日本しか知らず、消費文化に生まれ育っている今の子どもたちにとって、学校以上に面白く魅力的に見えるものは、テレビゲームなど枚挙にいとまがありません。「教わること」についても、塾・インターネットなど、学校以上に迅速に効率よく、また面白く教えてくれる媒体がいろいろと用意されており、教師のもつ知識・教授法が素直に子どもや親に尊敬されるとはかぎらなくなっています。これには親も総じて高学歴となってきたことも関係しているかもしれません。教師が教師であるというだけで無条件に尊敬され、畏怖の対象とされる時代は過ぎ、貧しさから脱し生活を豊かにする手段として学問を身につけること、つまり、高学歴こそが幸せをもたらす、といった神話がもはや崩れつつあります。このように、学校の魅力・教師の権威やありがたみが以前に比べうすれてきつつあること、これもまさに社会の構造的変化・システム上の変化と連動している事柄であり、個々の教師の力量うんぬんといった次元で語れるものではありません。

ある先生が、「最近の親は『何でも教師がやって当たり前』と思っているし、子どもは『教師なんて』とばかにしているところがある。だからやってもやっても報われる感じがない、子どもや親に自分の教育が喜ばれているといった実感や達成感がもちにくくなっている」と、思いを語ってくださったことがあります。耕しても耕しても実りがない、自分の鋤や鍬をボロボロになるまで酷使し耕そうとしても、土地は肥えずに荒れていくだけ、そういったことが続けば、教師が無力感にさいなまれるのも当然ではないでしょうか。

教師のバーンアウト

教師の仕事の大きな特徴について佐藤学は、「教師たちの燃えつき現象」(『ひと』二六二号)に次のような指摘をしています。「再帰性」(教育をする側の教師に、その行為の責任や評価がブーメランのように生徒・親から返ってくること)、「不確実性」(教える対象が変われば、同じ教育態度や教育技術で対応しても、同じような生徒の反応や教育的効果を期待することができないこと)、「無境界性」(再帰性と不確実性とが教師の仕事を際限なく拡張し、責任領域を拡大してしまう傾向のあること)という三点の特性があり、これらの特性ゆえに教師が他の職種とは違った困難と問題に遭遇しやすいこと、そして時には一種の心理的破綻状態、対人専門職に特有の心の問題である「バーンアウト」に陥りやすい、というものです。ちなみに「バーンアウト」とは、長期間にわたり人に援助する過程で、心のエネルギーが絶えず過度に要求され、その結果、極度の心身の疲労や感情の枯渇を主とする症候群です。自己卑下や仕事への嫌悪感、関心や思いやりの喪失などが特徴とされています。

また新井肇著『「教師」崩壊』には、教師のバーンアウトに関する最近のいくつかの調査をもとに、教師のバーンアウトが全体として著しく高い傾向があるという指摘があり、「教師という職業につきまとう、あるいは学校のなかで日常的に形成されている教師特有の行動様式のなかに、他の対人専門職に比べバーンアウトを生じさせやすい特性がある」と提示されています。その特性とは、①教師の職業倫理（「教師たる者、心身ともに健康であるべきであって、悩みに負けて心の不調を起こすようなものはその資格がない」というような、教師に対する社会の倫理観が教師自身においても内面化され、教師が一人の人間として考え、活動する側面にまで影響を及ぼしてくるため、「現実に存在する教師自身の悩みや不適応、心の病といったものはオープンに語られにくい状況におかれている」）、②教育の目的（「教育実践での裁量権は広い」ことが「教師の仕事は、その目標から過程・評価、どの面をみても簡単にマニュアル化できない不確実さに満ちている。だから、手抜きしようとすればできる面があり、逆にやろうとすれば際限がないほどやるべきことがある」）、③学校の組織体制（「学校という組織の仕組みとして縦のラインで仕事を進めるということがほとんどないため、教師には一定の自律性が保証されている反面、困難な問題に直面したときでも仕事上の相談が極めてしにくいシステムになっている」「バーンアウトに対し緩衝効果を持つと考えられるソーシャルサポートが十分に得られない状況にある」)、この三点を取り上げています。その他、これらに加えて教師という職業には、親や地域の人たちから多くの期待が集まっているにもかかわらず、同等に社会的責任を期待される、たとえば医者や技術職者などに比べ、専門職としての認識を得られにくいなどの背景もあるでしょう。そのようなギャップが、いっそう教師のストレスを増大させることにもなりかねません。

以上を考え合わせますと、今の教育現場で教師が日々の教育に自信と喜び・充足感などを実感できるには、そして、バーンアウトしない、もしくはバーンアウトまでいかなくとも心身を痛めつけすぎないためには、「教師が人権を守り、自尊感情をないがしろにしない」こと、この重要性が改めて浮き彫りにされます。人権・自尊感情といったことが誰にとってもアサーションの支柱かつ礎石であることを先述しましたが、それに加えて教師の場合は、自分の仕事に対する無力感・孤立感などをいたずらに強めないための、いわば命綱ともなるのがこれら人権・自尊感情であるということ、この点をとくに強調したいと思います。なぜならこれまで見てきたように、教師がバーンアウトに追いこまれやすいのは、個々の教師の能力不足・未熟さというよりも、教師を取り巻く現状の種々の社会的・構造的要因、ならびに学校体制・教師という職業の特質などによるものであること、そしてそれらをかんがみると、現代において、真面目で仕事熱心な教師、子どもたちとのかかわりを大切にしたいと念じる教師、いわゆる「仕事ができる」教師こそバーンアウトしかねない、という実に皮肉な面があることになるからです。

バーンアウト予防の礎《いしずえ》でもある人権・自尊感情

田尾雅夫・久保真人は、『バーンアウトの理論と実際』のなかで「バーンアウトを経験しやすい性格プロフィール」について、①ひたむきに働こうとする人（あまりにも多くの仕事を、しかも熱心に完遂させようとし、達成できないとそのことに悩む）、②完璧主義的傾向の強い人（何でも完全な形にやり遂げないと納得できず、妥協や中途半端なことを嫌う）、③理想主義的熱情に駆り立てられる人（自己の私生活を犠牲にしてまで援助対象者との関係を尊重しようとし、現実の壁にあたる）、④権威主義的な人（あらゆる事柄に関与したがり、自分がコントロールしたいといった全能感をいだきやすい）の四点を抽出しています。それについて新井は、「いずれにも共通するのは、他人のことに積極的に関与していこうとする利他的な奉仕精神が旺盛であること、自我理想が高いこと」（前掲書。57頁参照）とまとめています。同じく新井は、「ヒューマン・サービスは理想を求め、深いところでの対象者への自我関与なしには質の向上が期待できないという側面」があり「ここに教師をはじめとして、ヒューマン・サービス従事者特有のパラドックスがある。ヒューマン・サービスに携わるうえで望ましいとされる性格・態度が逆にバーンアウトを引き起こし」かねないと端的にコメントしています。

仮にバーンアウトしないためにということでその望ましいとされる性格・態度を否定し、たとえば教師が「ミーイズム」に走るようになったら何ともやりきれません。これだけ社会が変化し、子どもたちの問題が噴出しつつも、教師たちの献身的な教育によって救われ底上げされている部分が大きいこと、そこには「真面目で仕事熱心」「子どもが好き」という、日本の先生方の基本的な特質に支えられている面が確固としてあること、これらの厳然たる事実を軽視するわけにはいきません。ですから、その「ヒューマン・サービスに携わるうえで望ましいとされる性格・態度」を活かしつつもバーンアウトしないことこそ重要なのであり、そのための重石として、人権・自尊感情を大切にすることが教師にはひときわ重要となる、と私はとらえます。「生存と自由を確保し、幸福を追求する権利」としての人権、ならびに「自分自身を価値ある存在ととらえる感覚」である自尊感情、これらは、その上記の性格・態度が逆手に取られたり、バーンアウトに追いこまれたりすることを防ぐ、砦となるはずです。

無論、教師がバーンアウトになるのには、性格・態度といった個人の要因のみが関与しているわけではなく、その学校の風土、組織体制、ならびに現代社会において教師・学校に課せられている過剰なまでの重責など、多様な次元のことが輻輳していることは既述の通りです。ですから、教師各人が人権もしくは自尊感情を重視するということも、バーンアウト予防としては一部の機能しかもたないかもしれません。が、「自分の人権や自尊感情は大丈夫か」といったふり返りの視点をもつこと、「人権をないがしろにしていないか、自尊感情を損なっていないか」などと早めに気づくことは、各人が各々の場において最も行いやすい、堅実な予防であることは確かです。というのは、仮に、社会の現状、あるいは学校という組織体制を一挙に変えようとしてもそれはなかなか困難なことですし、下手をすると先述の「権威主義」(「自分がコントロールしたいという万能感」) の悪しき暴走になりかねません。まわりや他者を変えようと奔走するよりも、自分について自分のできそうなことから変えていくこと、これがアサーションの精神でもあるのですから。

では、教師各人が人権・自尊感情を礎として行えるバーンアウト予防として、換言すると、ストレスの多い教育現場において自分の日々の教育実践に喜びや手応えを実感できるための手立てとして、具体的には何が重要となるでしょうか。私はこれについて、以下の二つの事柄がとくに重要であろうと感じています。

しんどさの共有――ソーシャルサポートづくり

まずひとつが、教師が感じているしんどさを学校内で共有できることとです。教師が自分の気持ち・考えなどをないがしろにすることなく、たとえば「困っている」「苦しい」「どうしたらいいいか、助けがほしい」などの思いについて、学校のなかで話せるようにすること、これらの言動は人間として当然の権利であり、自分をもっと大切にしたいといった自尊感情があるからこその発信であるということを強調したいと思います。教師が弱音を吐け、まわりに辛さを出せることは、一人で抱えこまないための非常にポジティブな言動であるということ、人権・自尊感情の保持・回復のためにも重要なアサーションであることを提示したいのです。

繰り返しになりますが、今、教師が感じる「しんどさ」は「その教師の非力さ・未熟さゆえのものであり、本人がもっとがんばりさえすればしんどくなくなる」といった単純なものではありません。しんどさを感じることが教師として不適切なのではなく、しんどさを感じぬふりをしたり、しんどさをある特定の子ども（もしくは親）への攻撃や排除、他の教師いびりなどに無自覚なまま転化させたりすることが不適切なわけです。ある先生の、「教師は多忙なだけではあまり倒れない。自分が学校で孤立したり、味方や仲間がいない状態におかれると倒れやすくなる」と言われた言葉が、鮮明に思い出されます。ソーシャルサポートを教師自身が身近につくっていくためにも、学校のなかでの「しんどさの共有」の一歩を踏み出してほしい、と思う次第です。

なお、先生方から実際に聞くことのある、「教師がただ『しんどい』と愚痴を言っていても始まらない」という声には、「愚痴を言い合える関係が職場にあれば、あるいはつくれたらしめたもの」「『愚痴を言うな』は愚痴を言いたい人への人権を大切にできていないのでは」（もちろん、こちらが愚痴を聞けない状態でも相手が愚痴を言ったら、とにかく聞けと言っているのではありません）、「はじめは愚痴であっても、そこで少しでも疲れや無力感が解消され、他者に理解されたといった感じがあれば、次にどうしたらよいか、何ができるかに自然に向いていける力が、私たち人間にはあるのではないだろうか」と返答したく思います。また、「学校の状況がよくわかり、他の先生もたいへんだということが身に沁みてわかっているだけに、愚痴や弱音は言えない」という声には、「そうであれば余計に、ガス抜きが必要、誰かが一言『たいへんだあ』『しんどい』と声を出すことが大事では」「そのまま各人がバラバラで孤立感を強めるようではまずい」と強調したいと思います。

教師が「ノー」と言う――できること・できないことの分化

次に二つ目として、親などからの教師への要求があまりに多すぎる、注文が理不尽と思われるとき、「ノー」を親に言っていくこと、教師が自分の仕事に「できること・できないこと」の線引きをしていくこと、これは教師の人権・自尊感情のうえでも大事なアサーションであることをあげましょう。本来は家庭教育で行うべきことまでも、親が教師・学校に求める、それを果たそうとする教師・学校の評判が高まる、そして親はますます教師・学校に求める、こういった悪循環もまた、教師の際限ない多忙をもたらしてきたのではないかと思います。一例ですが、「『子どもがまだ家に帰ってこない』『よその学校の悪い友だちとつきあっているようだ』『援助交際をしていないだろうか』などの保護者からの電話が夜中でも頻繁にある。家にいても気持ちが休まらない」と、ある中学教師に聞いて、私は驚いたことがあります。

困っている親にとって教師が援助的にかかわってくれることは大いに力づけられることですが、それと、教師が何でも引き受けることとは違います。仮に教師が何でも引き受けたとすればバーンアウトになるのは必至でしょうし、また一方では、その親が育つ（かもしれない）チャンスを奪うという意味において、教師が結果的には「非教育的」な働きをすることにもなりかねません。親のするべきことを親に戻し、どうしたらその親がそのことを少しでも実行しやすくなるか、それを親とともに考えたり、親への助言をしたりする、こういったことこそ「教育的」な働きかけではないでしょうか。無論、なかにはそういったことをはじめから期待できない親がいるのも事実でしょう。しかしその場合であっても、教師が親の代行をすべきなのか、たとえば、他の手立てはないか、どういった関連機関にどのような協力を求められるか、連携や協働をどうつくっていけるか、これらについての検討が教師には必要なはずです。そのためにはやはり、教師が現状において自分のできることは何か、他方、できないことは何かを分化し整理することが有益となるはずです。その意味でも「教師が自分の人権・自尊感情を中核に据えて、『ノー』を伝えたいときには伝え、仕事の線引きをすること」、この点が、強調したい二つ目の事柄となります。ちなみに石隈利紀著『学校心理学』には、「援助者が持ちやすいイラショナル・ビリーフ（非現実的で、人の幸福に役立たない考え方）」についてまとめられています。そこには、教師が「私は完全な教師であるべきだ。そうでなければ人間として失格だ」「私は、どんなときも、誰からも好かれなければならない」「私がこんなに頑張っているのだから、子どもは目に見えてよくなるべきである」といったイラショナル・ビリーフを抱きやすいという指摘があります。そういったイラショナル・ビリーフを形成させやすい「教師文化・学校文化」について思いをはせるといっそうのこと、この二つ目の事柄の重要性について主張したいと思います。

内的基軸をもつ——その核にある人権・自尊感情

教育は長期的な営みであり、すぐに期待通りの結果が得られるとはかぎりません。ともすると教師は、忙しさのなかで目前のことに追われ、いま何がいちばん大切か、自分の実感がどうであるかなどが見えにくくなり、適応ならぬ「過剰適応」を強いられる場合も考えられます。これらのことを考えるにつけ、やや抽象的な表現にはなりますが、教師を支えるのは次のようなものではないかと感じます。

教師は「自分の基軸とでもいうべきもの、自分の拠り所となるような価値基準を内側に保つこと」、そして、「人権・自尊感情はそういった内的基軸の核となりうるものであること」、このように表現できると思います。おそらく教師には、教育についての信念や理想をもち、粘り強く取り組むといった側面と、一方で、他者を（子どもであっても）自分の思い通りには変えられないといった節度や謙虚な態度、ならびに、一個の人間としての自分自身の幸福感も大切にするといった姿勢、これらの矛盾しがちな両面が同時的に求められるのではないでしょうか。各人がおかれている現状のなかでどうバランスをとっていくか、どちらかのみに偏りすぎないための「支点」や「重石」をどうしたら自分にもてるかという問いへのひとつの答えに、「人権・自尊感情をないがしろにせず、内的基軸をもつ」といったことがあるのではないか、と私は感じています。

以上、教師が人権・自尊感情を大切にすることについて、とくにバーンアウトを予防するという観点を中心に論じてきました。

本章は、ここまで「教師がアサーティブになること」を主題として論じましたが、アサーションをめざす過程には「アサーションしないことを自分が選ぶ」ことがあってもよいということ、常にアサーティブであらねばと思う必要はないということにも触れたく思います。

というのはたとえば、アサーティブになろうとすると、それまで気づかなかったりそれとなく避けてきたりした自分の弱い面や本音に向き合わねばならず、ときには傷つくこともあるからです。さらには、アサーティブに自分の気持ちを表現したことによって、まわりの人から妬まれたり脅されたりする結果を招くこともあるとふまえておく必要があるからです。

また、アサーションするということは、相手と誠実に向き合うことであり、時間もエネルギーも要求されます。ですから、それだけの時間とエネルギーを使う甲斐がここにはあるのか、この人間関係をより良くしたいと本当に自分は願っているか、自分の時間やエネルギーを使ってもいいと真に思っているか、という問いかけが大切となります。そして、「ここではアサーションしない」「今はアサーションしない」ことを、アサーティブに選んでもよいのです（これは「アサーションできないとはだめな自分だ」と自己卑下することとも、また「相手のせいでアサーションできない」と相手を恨むといったこととも違います）。アサーションをめざすなかで、「アサーションをきちんとしなくては」「いつも上手にアサーションできなくては」とかえって身構え、バーンアウトしやすくなったりしたのでは元も子もありません。アサーションをめざすにつれ、自分が前よりも楽な感じになれているか、自分を大事と思う感覚が確か(になっている)か、アサーションは面白いという実感がどこかしらあるかなど、どうぞ自分の内なる声を大切にしてください。自分にとってアサーションということが果たしてどんな意味をもつのか、アサーティブにということは自分、もしくは自分のいる教育現場に対しどのような助けや副作用をもたらしそうかなどについて、先生方各人に実践を通じてじっくりと検討していただけたらありがたい、と念じるものです。そしてそういったことこそが、子どもたちにアサーションを伝えていくうえでの、また、子どもたちとともにアサーションをめざしていくうえでの羅針盤となるはずです。と同時に、先生方自身の内的基軸をさらに磨いていくことにつながるのではないか、とも感じています。

3 教師にとってのアサーションの効用

前節では「教師がアサーションを学ぶ意味」を論じましたが、では実際にアサーションを学んだ教師は、その効用についてどうとらえているでしょうか。

「先生ご自身にとって、アサーションはどのような効用をもたらしていると感じていますか」という問いに対し、インタビューならびにメールなどでこたえてくださった四人の先生方のコメントをもとに、以下の三つの観点から整理してみました。これらの三つの観点は重なり合い、また相互に影響していることでしょうが、ここでは便宜上三つに分け、先生方の声を簡単に紹介したいと思います。なるべく先生方の語り口や文体をそのままに伝えたいのですが、一方で紙数の都合もあり、適宜、途中省略や変更をしていることをどうぞご了解ください。

1　人間の多様性を前よりも許容できるようになった

中学校教諭のA先生は、「アサーションを知ったことで一番よかったのは、人は皆違うということを一段と実感できるようになったこと」「そのうえで、だから人はわかり合えないではなく、違うのだからこそ話し合い確かめ合っていくしかない、自分から伝えたいことは伝えていくしかないということが身についたこと」と言われました。

「生徒のなかにはいろいろな子がいること、こちらの期待にあう子ばかりでないことはこれまでもよくわかっていたが、内心は期待にあわない子をどこかしら早々と見かぎっていたところがあった。今は、すぐに成果が見られなくとも、まあ、この子たちもこの子たちなりに何か考えたりするかもな、そのうち何か返してくるかもな、そのときはちゃんと聴くよ、だからいつでも言いたいことがあれば言ってこいよと待てるようになったと思う。だから前より子どもたちと話しやすくなったんじゃないか」「同僚の先生ともつきあいやすくなったように思う。とくに、あの先生は教育観が違うから難しいとか、苦手なタイプとか、前は敬遠していたような人とも、一緒に学校やっているんだからやっぱりコミュニケーションしないとはじまらないし、まあお互いに気持ちよくやっていきましょう、こっちはなるべくアサーションしてみますって話しかけられる感じになった。相手がすぐによい反応を返してくれなくても、まあ、それもありだな、お互いさまだなと思えるし、その感じは子どもと向き合うときと同じかもしれない。だから教師同士の人間関係がストレスになるということが減ったように思う」。

同様のことについて小学校教諭B先生は、職員室会議の例を出してくれました。

「意見が対立すると、前はどうしても必要以上にとげとげしい雰囲気になったり、途中でお茶を濁すような、なあなあの雰囲気になることが多かったのですが、このごろは先生同士が『ほらほら、アサーション』『ここでこそアサーションだ』と言い合ったり、けっこうユーモラスに活発に討議できるようになってきたと思います。そしてあとは意外とさらりとしていて、そこもよいように思います。それはおそらく、教員研修で校長・教頭もふくめて皆がアサーションについて学んだこと、とくに、意見の違いや葛藤は当たり前、人は皆違うということを再認識できたことが、多かれ少なかれよい方向に影響しているのではないかと思います。今、うちの学校のモットーは、『教師がまずはアサーション』『口で言うよりも、子どもにはやって見せよう、アサーション』ですから」。

2　余裕・ゆとりをもてるようになった

小学校教諭C先生は、「教師として完璧でなくてもいい、できないことがあっていい、そして『できない』と声に出して言っていい、そういったことは人間として当たり前だということがわかって、私に余裕ができたように思う」と伝えてくれました。

「子どもや親御さんとのかかわりで困ったりお手上げになったりしたとき、前はそのことを知られると自分が恥ずかしい、教師として情けないと考えていた。けれども、『手助けがほしい』と他の先生やスクールカウンセラーに言えるようになり、助けてもらえると本当に助かる、自分に余裕が生まれると痛感した。そうすると今度は、困っている他の先生や子どもに対し助けてあげたい、何かできないかと素直に思えるし、体もスッと動く。前は頭で『子どもの援助をしなくては』『そうできないとよい先生じゃない』と考えていたので、実際のところはそんなに助けになれていなかったと思う。ひとりよがりだったかもしれないし、押し付けがましかったかもしれない。今のほうが、こちらに余裕ができた分、相手がよく見えるように感じられる」。

また、D先生（小学校教諭）は「余裕」について次のような言葉を聞かせてくれました。

「（教師をしていると）忙しくてどうしても自分がいらいらしたり余裕がないようなときもある。だいたい、子どもの反応がよくないのと、私自身の調子が悪いのとは重なっていますしね。だから低調のときは、それでそのまま学級の雰囲気がどんどん悪くならないように、最悪の状態にならないように心がけて、良い方向へ戻っていけるようにできるといいと思うんです」

「（アサーションなどの）コミュニケーションの学習を子どもたちに継続的にやっていることで、それがその何かのきっかけになる可能性が大きい。たとえば、ある子をみんなが一言ずつアサーションでほめるというプログラムをやると、ぐっと学級の雰囲気が明るく和らいだものになりましたし。私も子どもも『他の子のよいところを見つけよう』と原点に立ち戻れたりする」

「こういったコミュニケーションの学習で学級がどんどんよくなるってものじゃない。むしろ力を発揮するのは、学級の雰囲気や調子が悪くなりかけたときに最悪の状態に一直線にいってしまわない、そういった力を学級がもてるということではないかと思う」。

このD先生の言葉は、いわば「学級の自己治癒力」（ベネッセ教育研究所所報、二六号、二〇〇一）について述べているとみなせますが、それと同時に、その「学級の自己治癒力」の最たる触媒である「教師」について、教師が余裕や調子を取り戻せること、その意義について述べているとみなすこともできるでしょう。

3　教師という仕事の面白さを再認識できた

D先生の言葉からです。「アサーションを身につけたことの最大の収穫は、結局、教師は自分で考えながら、子どもたちの反応を確かめながら実践するしかないということを改めて痛感したこと。アサーションを子どもたちに伝えていくにしても、マニュアルがあるわけじゃない。毎回、試行錯誤ですし、毎回自分が試される感じできつい感じもありますね。でもきついけど楽しいというか、きついより楽しいというか。教師という仕事はやっぱり面白いなあと確認できたのが自分には一番の収穫だと思います」。

A先生は、「アサーションは、相手にどう言うか、どう言ったら相手が賛成するか、相手を納得させることができるかに頭を使うのではなく、その前にまず、自分は相手に何を言いたいんだろう、どんな気持ちなんだろう、それを確かめるということが根底にあるわけじゃないですか。だからだと思うんだけれど、アサーションを心がけるなかで、自分を大事にするということがどういうことか、前よりも感覚的にわかってきたと思う。そうしたら、子どもたちのことも前よりかわいいって自然に思えるようになってきた。教師は、なんだかんだ言って子どもと毎日会えるし、子どもたちの成長を見ていけますしね。中学生だと、さなぎがあれよあれよと蝶になるような子もいれば、さなぎのままって感じの子もいるし、蝶になって出てくるはずが芋虫に逆戻りして、『おいおい、そうきたか』みたいな子もいますものね（笑）。教師は飽きることがない。面白い仕事だよなあ、そんな感じがありますね」「そう思えるのは、教師をしている自分を自分で、まあ、認められるという感じがあるからで、その感じがあるかどうかは、日々仕事をしていくうえでやっぱり大きいんじゃないかと思いますね」。

以上、三つの観点から「教師にとってのアサーションの効用」を取り上げました。効用について無論これらで言い尽くせるものではありませんが、どの先生もアサーションの本質を的確にふまえたうえでコメントしてくださったことを、筆者はうれしく感じています。回答に協力し、コメントを本文に紹介することを許可してくださった先生方に感謝申し上げます。

（園田雅代）

3章

教師が行うアサーション・トレーニング

1　クラスに導入する前に考えること

伝えたい教師の思い

個人的関心からアサーション・トレーニングに参加した先生たち、そして校内・校外の教育相談研修等でアサーションの考えに触れた先生たちの何人かから、必ず寄せられる質問があります。次のような質問です。「アサーションの考えを自分のクラスで子どもたちに教えたいと思うのですが、そのための効果的な方法があるでしょうか。気をつけなければいけないのはどんなことでしょう」。真摯な問いに向きあうたびに、自分なりにていねいに答えたいと思ってきました。にもかかわらずうまく答えられずにきたというのが実情です。というのは、言いたいことが一度に複数浮かんでしまい、それらをすべて言うのはしつこいし先生方のせっかくのやる気に水を差すのではないかと心配で歯切れの悪い物言いになってしまうからです。それほどに子どものアサーションに私が思い入れている、大事だと思っているこ とは顕れなのですが、そろそろあれこれ言いたくなる姿勢から自由になり「どうぞ思いつくことをいろいろ試行錯誤してみてください。先生方の伝えたい思いが出発点にあれば、きっと多くの子どもが柔軟に受けとめてくれます」と心からエールを送る自分になりたいものです。この格好の機会を利用して、心配の部分を書き出してしまいましょう。気持ちを削ぐために書くのではありません。頭の隅に入れておくという読み方をしていただきたい次第です。

同時に言いたくなるのは、次のようなことです。

① 子どもに教えよう、伝えようというとき、伝える側の大人は自分がアサーティブに振舞えているかどうか、アサーションについて考え、自分なりの理解をもっているかどうかが否応なく試されることになります。言い方を換えれば、自分がアサーションを心がけることが他者に伝える行為の出発点です。こと対人関係に関する教えは、客観的理論としてより、その人の人となり・立ち居振る舞いから伝わるものの多いのが常で、アサーションも人間観であり人と人とのかかわりの特性である以上、教えようという意識以外のところから多くが伝わるのは当たり前のことでしょう。

図1に「学級におけるアサーションの学びの重層構造」を示します。アサーションを子ども

に教えようというときに多くの先生方が意識するのは、中央の円の部分、つまり各授業案やワークの具体的な中身かもしれません。けれども学びが子どもの生活に根づくとか、子どもの心の深い層に働きかけるといった意味で大きな力を発揮するのは、第二の層の「授業中に教師が示すアサーティブな言動」、第三の層の「日常的なやりとりのなかで教師が示すアサーティブな態度」、第四の層の「アサーティブをよしとするクラス文化」といった諸層が備わっているときであり、それらの支えなく中心円だけ考えるのは何とも形式的で浅薄な理解です。

ここで連想をたくましく働かせてみましょう。反面教師として思い浮かべていただきたいのは、たとえば「人にやさしくなければだめだ、あんたは性格がきつくてやさしい面が少しもな

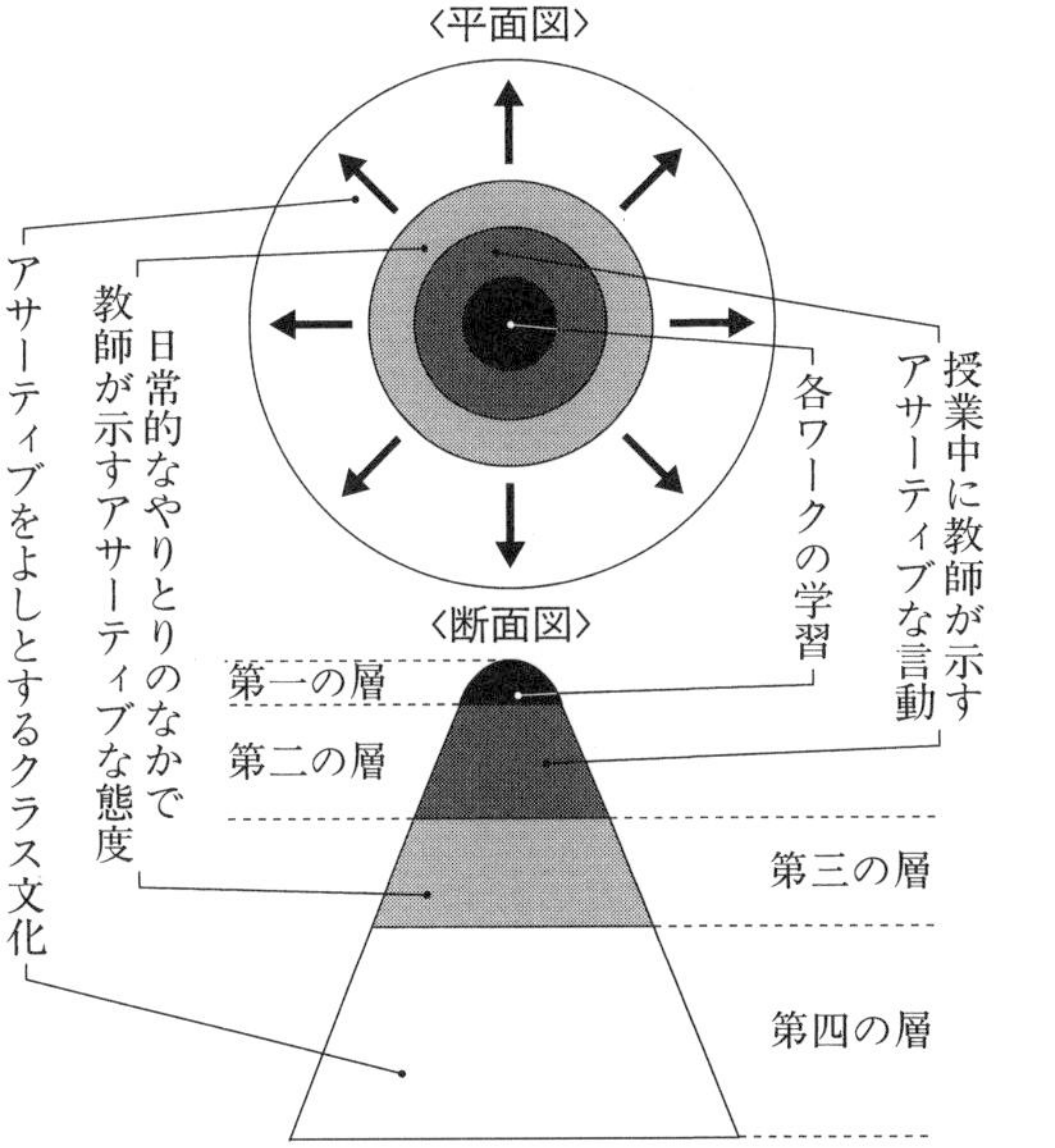

図1　学級におけるアサーションの学びの重層構造

『子どものためのアサーション（自己表現）グループワーク』より一部改変

いから、そんなあんたを好きになってくれる友だちなんているはずがない」と子どもに冷たく言い放つだけの母親、そして「そんな批判的な視線にさらされてクライエントが心を開くはずがないでしょう。相手を全然受容できていない」とカウンセラーを叱りつけ、彼（または彼女）の対応のまずさを本人が叩きのめされたと感じるまで容赦なく並べあげるスーパーバイザーなどです。彼らの態度からやさしさや受容を教わるのは、困難なことでしょう。そんなふうにしてはだめ、そうすべきでないと禁じる姿勢そのものを、本人が相手との関係で繰り広げてしまっています。そんな人々の語る言葉が説得力をもたないのは、言うまでもありません。

② アサーションを伝えるとは、（後述するように）自分らしさや自分なりの感じ方・考え方を信頼するように子どもたちを応援することです。伝える側の大人は、こうあらねばならない、こうするのが当然だ式の発想から自由になることが求められます。「あなたの感じるままにいてごらん。あなたらしさがどんなものであれ、それを信頼するのでいい」と語りかけながら、もう片側では、「萎縮するあなた、威張り散らすあなたでなく、自分も相手も大切にするあなたになってほしい」と願っているという逆説があるわけです。

ここでもアナロジーを出しましょう。類似の逆説は子育てという行為のなかに見られます。親が子どもに「自発的に考える子に育ってほしい」と願いながら、なおかつ「考えないのでなく考える子に、そしてその考えは親がよかれと思う方向と一致していってほしい」と思っているとき、そこに小さな論理的矛盾が（ただし多くの場合、罪のない矛盾が）存在するのと同じことです。「自発的に」なっていいわけですから、考えようが考えまいが本人の自由意思に委ねればいいし、「さあ、考えて。いまこんなふうに考えて」と願うのは「自発的」でいいという姿勢と矛盾することなのですが、親である以上、自由を認めることとその自由の果ての選択が親の許容範囲であることが両立してほしいと思っているわけです。アサーションを教える教師もまた、あなたはあなたのままでいいと伝えながら「自己表現しよう」という方向性をそっと差し出します。そんな矛盾を抱えることに教師は謙虚であってほしいと思う次第です。

③　上述の厄介さにもかかわらず、子どもたちが集まる学校や学級集団は、あまたの相互作用の宝庫です。さらに学級は子どもたちにとって家庭に次ぐ第二の所属集団であり、そこで子どもを迎え送り出す教師は、アサーションを伝える最適任者です。

これら三つの観点に折り合いをつける教師の姿勢は、私の意見では、アサーションをともにめざす同行者としての教師です。教える相手は自分より幼き者で、成人向けのアサーション・トレーニングと異なり、彼らは学びたい意志をもって自ら集まってきた人たちではありません。

必修授業に導入するなら、生徒には授業を免れる自由も与えられず、その意味で学習は強制的なものとなります。試しにやってみて判断しよう、一緒に考えてみようと「提案」したり、アサーションというものがあるのだがと（押しつけるのでなく）「差し出す」のがこの状況にもっともふさわしい教師の姿勢でしょう。「自分にとって結構いい、だから君たちにも勧める。君たちにとっても結構よいと思えば一緒にこの方向をめざしてやっていってみようじゃないか」という教師の呼びかけが、強制力を減じてアサーションの真髄である自他相互尊重の精神に基づく平等な関係を教師−生徒間に保証してくれるものとなりましょう。

たとえば、『「教師のためのアサーション・トレーニング入門」体験報告集』（埼玉大学教育学部）には、アサーションの考えを知って自らの学級運営に導入したところ「先生のアサーション、好きですよ」と生徒が感想を寄せてきたという高校教師の体験談が報告されています。この生徒は、教師がよしとする価値観や教師からのメッセージとしてアサーションを受け取り、それに対する感想という形で自分の考えを伝え返しています。また、豊田英昭さん（注1）は、アサーションを中心とした一年間のコミュニケーション学習がもたらす変化の一つとして「子どもたちが私（教師）に対してもきちんと臆せずに言ってくるようになったこと」をあげています。「『先生、今日はいばりやさんだ』とか『先生、ちょっとひどいよ』『かわいそうだよ』『先生、もっとちゃんと聞いてほしい』などかなり手厳しいことも言われるようになりました。

（中略）でも、生徒たちの言うことは結構鋭くて正しいんですね。だからあとで『確かに悪かったね』『ごめん、先生もいつもできるわけじゃないんだよ』とか言うこともありました」という報告からは、生徒たちの判断力、受けとめる力を認める教師の姿が彷彿されます。責任があり権威もある大人にその声を聞き届けてもらう経験をした子は、自分の人としての価値、耳を傾けるに値する自分の声に信頼を寄せる子どもに育つでしょう（言うまでもないことですが、このことと、大人が子どもの言うままに流されてしまうことの違いに十分留意してください。後者の環境は、大人なんて御しやすいと考え、自己愛に溺れた自我肥大的な子どもを育ててしまう危険性をはらみます。そんな子ども育てをよしとしているのではないことも再確認しましょう）。

教師から生徒に宛てるメッセージ

図2に、「アサーションが成り立つ仕組み」を示します。この図は、「基本的アサーション権」、「自己信頼（自己尊重）と他者信頼（他者尊重）」、「アサーティブなものの見方・考え方」、「スキルの習得」という四つの土台が備わってはじめて、個々具体的な場面でのアサーションができるようになることを意味しています。アサーティブな言動が生まれるとき、その背後に必ず四つの要因が肯定的に作用しているということでもあります。どれか一つが欠ければ、

具体的な言葉や行為になる以前に伝えたい心の揺らぎが萎んでしまうかもしれず、そもそも伝えたいことが心のなかに生じない、あるいはこんな気持ちが湧いてはいけないと自分で自分の気持ちを潰してしまうことだって起こりかねません。そこで成人用のアサーション・トレーニングとして、これら土台の一つひとつをとらえ直し、話し合いや講義・ゲーム等を通じて点検することでアサーティブな言動を促進するという構成が考え出されました。

それでは、アサーションをめざす同行者としての教師は、子どもたちの四つの土台に対してどんな働きかけをすることができるのでしょう。教師から子どもに宛てたアサーションへのいざないのメッセージとして、どのような言葉がふさわしいでしょうか。声高にまくし立てたり戦闘的に押しつける言葉でなく、「静かに語りかける」言葉であってほしい次第

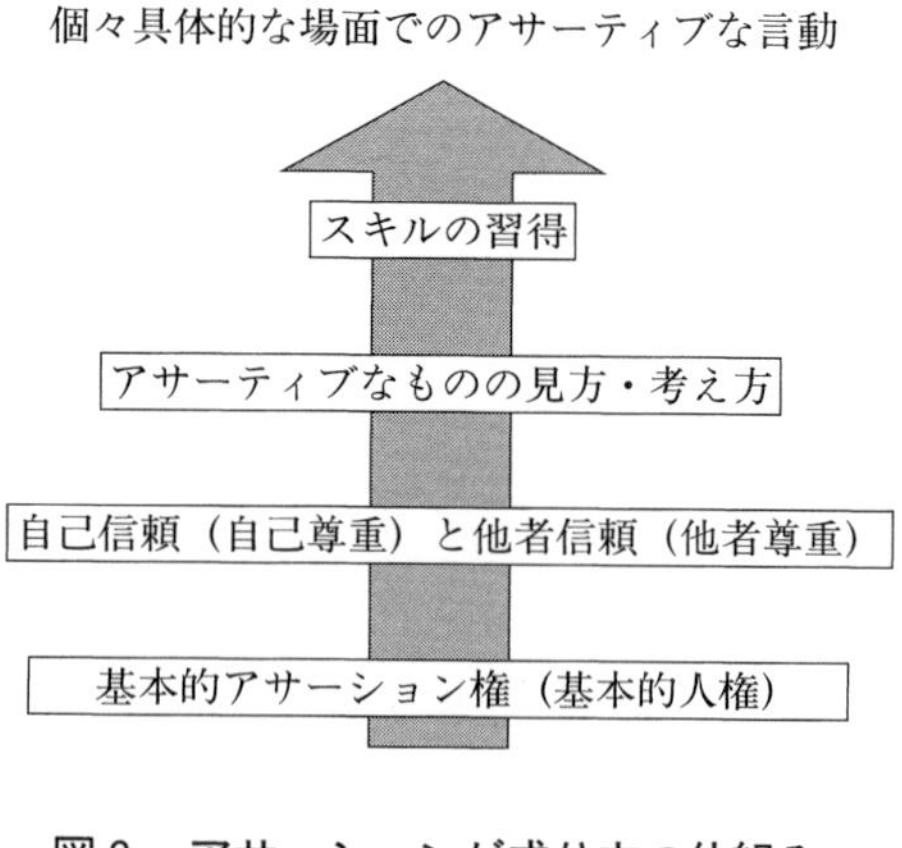

図2　アサーションが成り立つ仕組み

ですが、図2の仕組みと対照させて考えていってみましょう。

①「誰でも自分の声をもつことができるよ」――最も基底部分に贈るメッセージはこんなふうになるでしょう。

「誰にでも自分の声をもつ権利があるんだ」。自分の声をもつ権利は、その人がどれほど有能か、どれだけ立派な成果をあげたか、課せられた義務を果たしたか否かにかかわりなく、この世に生を受けたというただそれだけの理由ですべての人に与えられる権利です。自分の声をもつことがあなたにも許されているし、隣の友だちにも許されています。たとえ周囲の大人たちや友人が「子どもの分際で生意気なことを言うべきでない、君の考えなどとるに足らない、できもしないことを言うな」と言ってきたとしても、生きていて感じる心があるかぎり、あなたの内面にあなた自身の声が生まれていいのです。

②「あなたはそのままのあなたでいい」そして「きっと受けとめてくれる人がいる。あなたと同じように大切なほかの人の声にもしっかり耳を傾けてごらん」――次の土台にはこんな二種類の言葉で語りかけるのがいいでしょう。

最初の「あなたはそのままのあなたでいい」が自己信頼・自己尊重に宛てたメッセージで、次の「きっと受けとめてくれる人がいる。あなたと同じように大切なほかの人の声にもしっかり耳を傾けてごらん」が他者信頼・他者尊重に向けた言葉です。自分で自分を大切にすることが大切だとぜひとも伝えたいし、現代っ子が自己愛的でわがままで他者への共感に欠けるというあまたの指摘に賛同する気持ちがある場合には、他者信頼・他者尊重も同時にしっかり訴えたいと思うでしょう。両者は本来的に対の概念として存在するものですが、どちらかがなおざりにされる例も少なくはなく「あなたが大切にされるのがよい。それと同じように、ほかの人も大切にされなければならない」と二つをセットで繰り返すのがよいようです。

また、社会情勢に目を向けると、通りすがりの人に理由もなく殴られたり言いがかりをつけられたりなど、理不尽な事件が相次いで報道されればされるほど、手放しで人を信じないほうがよいとか知らない人を見たら泥棒と思え式の教育が余儀なくされる昨今ではありましょう。が、それにもかかわらず、信じるに足る他者は存在すること、自分の声を発して他者との関係を育んでいくのが何にもまさる重要な営みだと大人から子どもに伝えたいと思います。

③「考え方やものの見方を変えたり、こだわりを捨てると楽になることがあるよ」――続いて、少し離れたところからこんな言葉を子どもに投げかけましょう。

たとえば、〝大人になるのは夢を捨てること、つまらないこと〟と思っている人がいれば、「それだと成長することは楽しくないね。大人になるってまんざら捨てたものでもない」ことを伝えられたらどんなにかうれしいでしょう。同じように、〝大人はわかってくれないに決まっている〟などと（思うことはあるだろうけれど）決めつけてかからなくたっていいし、〝男の子は弱音を吐いてはいけない〟わけはなく、〝女の子だから従順でなければ〟と自分に縛りをかけないで見果てぬ夢をどこまでも追いかけていっていいし、〝一度失敗したら取り返しがつかない〟ほど致命的なことはめったになく、自分がこだわるほどまわりの人たちはそのことを覚えていないかもしれません。いったんこうと判断したことでも別の可能性を探ってみる価値はあるし、別の可能性を検討したうえで自分の意見を変えたっていいのです。

これらのメッセージを伝えるときには、同時に、子どもたちが自分育て・自分づくりの真っただ中にいる者であることにくれぐれも留意しましょう。杓子定規すぎるほど規範やルールに厳格になるのは小学生時代の欠かせない体験であり、思春期には、親や教師とぶつかるためだけに彼らと反対の立場を貫き通すときだってあります。ユニークな自分であると確かめるためには、あえて極端な考えに走る経験さえ時には有益でしょう。こだわりの強さが彼らの希求を洗練するかもしれず、変にものわかりのいいやさしい青年になるより、しばらく苦しくても頑固に悩み続けることが自分を磨く近道である場合が山とあるのですから。彼らが何年もかけた自分づくりの課題と格闘中の少年少女たちであることを忘れずに、少し離れた位置からそっと呟くぐらいの声で、異なる考え方・ものの見方を採用してみる気はないかなと働きかけるのがよいでしょう。

④「言い方を工夫することができるよ」――最後はスキルの部分に宛てたメッセージです。伝え方、話し方の工夫の余地を説き、怒りをかき立てたり、挑発しない言い方、受け取る側の誤解が少ない効果的な言い方を心がけるよう促すことと重なります。せっかく言うなら相手に届く大きさと気持ちを込めた声で言ってみるとか、言いたいことをうまく言いづらいという場面を想定してそこでのセリフづくりをしてみるとか、私メッセージとあなたメッセージの違いを教えるなどが子どもにも理解されやすい学習として浮かびます。

「私」を主語にしたやりとりを「私メッセージ」、「あなた」を主語にしたやりとりを「あなたメッセージ」といいます。アサーティブな関係づくりのためには、両者を区別しなるべく「私メッセージ」で話すよう心がけるのがよいでしょう。たとえば、あなたメッセージで「あなたは最近怒りっぽいね」と言いがちな場合に、私メッセージを使って「私にはあなたの様子が最近、怒りっぽいと感じられる」と言ってみるのです。前者が断定的で相手に弁解の余地を与えず、どちらが正しいかを争うぶつかり合いに発展しがちなのに対して、後者は自分の主観的思いや感情を伝えているという自覚が明確なため、対話に開かれやすいといえます。

私メッセージを伝える授業を展開した高橋あつ子さんは、『言いかた』というスキルだけを強調しないように（中略）、相手のことを感じることによって、つぎの機会（学習場面でも現実場面でも）に以前より自然に言えるようになることを成長と感じられるようになることが大切」だと力説しています（近藤邦夫・岡村達也・保坂亨編『子どもの成長 教師の成長』に収載）。たとえばごめんねと言うときには「悪かったなあと感じ、それを相手に伝えたいと思う心が大切なのを忘れてはならないことを肝に銘じながらやらないと『こうすればうまくゆくでしょう』『こうしましょう、わかりましたね』という形の押しつけに堕してしまう」という主張ですが、この種の配慮が何より大切だという意見に筆者も全面的に賛成です。とりわけ子ども時代には、容易に言葉にならない思いさえ切り捨てずに抱えていってもらいたいし、それらも包み込むような声を何年もかけて育んでいってほしいというのが子どものアサーションに込めた願いであり、自分らしい思いさえしっかりと息づいていれば、そして、自分と他者を大切にする姿勢が育まれていれば、いわゆるスキルの学習は将来いくらでも補うことができるだろうというのがその理由です。

⑤　四つのメッセージを順に並べると図3のようになります。それぞれのメッセージをさらに膨らませそれに一つか二つのエクササイズを織り込めば、そのまま授業案へとつくりあげることができるでしょう。このとき、四つの土台のうちの基底部分に宛てるメッセージになれば

なるほど心の内面に働きかける傾向が強い授業となり、上部へのメッセージになればなるほど、知的学習の色合いが濃い授業になることを理解しておいてください。前者に分類される授業では、展開次第で「深い」学びが可能になるかもしれず、その「深さ」ゆえに子どものプライベートな領域への侵入度が増し、いきおい教師の押しつけという印象が強まりかねません。プライベートな領域への侵入は、もちろんどの年齢の子どもに対しても十分配慮すべきことですが、とりわけ思春期といわれる中学生のころに極めて敏感になる問題であるのはいうまでもありません。思春期の子どもたちは「いわば親・教師に代表される大人からの自立を課題としつつ、いまだ依存（甘え）と自立（反抗）が入り混じった複雑

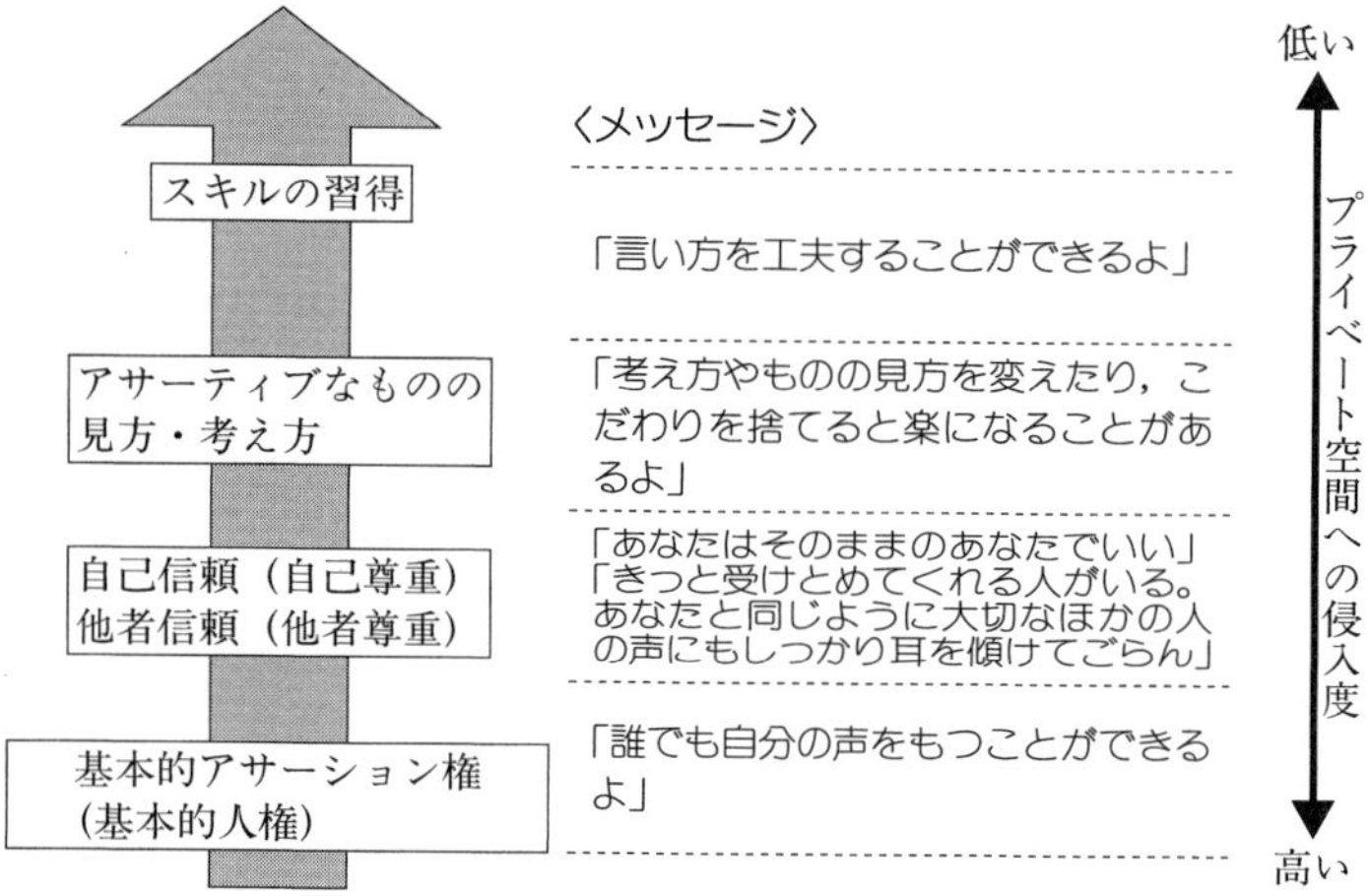

スキルの習得
アサーティブなものの見方・考え方
自己信頼（自己尊重）他者信頼（他者尊重）
基本的アサーション権（基本的人権）
〈メッセージ〉
「言い方を工夫することができるよ」
「考え方やものの見方を変えたり，こだわりを捨てると楽になることがあるよ」
「あなたはそのままのあなたでいい」「きっと受けとめてくれる人がいる。あなたと同じように大切なほかの人の声にもしっかり耳を傾けてごらん」
「誰でも自分の声をもつことができるよ」
低い
プライベート空間への侵入度
高い

図3　教師から生徒に宛てるメッセージ

な行動を取りがちである。そんなときにそうした複雑な行動の対象となる教師に対して自分の内面の理解を求めることは決して自然なことではないだろう」という指摘（保坂亨著『学校を欠席する子どもたち』）のように大人を遠ざける傾向にあります。先述の〝強制力〟、ここでいうところの〝プライベートな領域への侵入度〟、そして子どもの〝発達段階の理解〟という三つの視点をあわせもつことが、教師が行うアサーション・トレーニングの最大の難所であり、なおかつ最高の成果をもたらす秘訣だというのが現時点で筆者が抱いている結論です。

2　エクササイズのいろいろ

それでは、エクササイズの実際をいくつか示すことにしましょう。ごく日常的なちょっとした工夫や教師と生徒が交わす何気ないやりとりがアサーションを促す力強い働きかけになるという意味で、さまざまな機会がアサーションの学習のきっかけになります。「いまのこと、どんなふうに表現できるかな」「そんな言葉をぶつけられたら相手はどう感じるか、先生はみんなに考えてみてほしい」といった働きかけ一つひとつがそのままエクササイズになると言ってもよいでしょう。ですから、実際編に関しては、現場の先生方がご自分なりの工夫を加えて展開していったエクササイズを集積することが私たち研究者の仕事であって、われわれにできることはそれ以上でも以下でもないというのが正直なところなのですが、それでもゼロからつくるよりモデル版を改良するほうがやりやすい場合が少なくないという趣旨のもと、四つほどのエクササイズをあげておきます。叩き台、踏切板のつもりでご一読ください。さらにまた、〝誰がやってもそうそう間違いはなく〟〝それなりに子ども同士のやりとりを楽しみながら〟〝アサーションとは何かの基本を学ぶことができる授業案〟としてつくりあげた五種類のワーク（計十二時間分の授業）が園田雅代・中釜洋子著『子どものためのアサーション（自己表現）グループワーク』に掲載されています。そちらもあわせてご参照ください（注2）。

「あなたはどっちでショー」ゲーム

ゲーム感覚で楽しめること、なおかつ自分らしい感覚を他に気兼ねせずそのまま素直に表現することをねらったワークです。普通、何かをとくにひいきにしたり好きになることに特別な理由は必要ないのですが、だからこそ自由な気持ちで、どんなところが好きなのか、何がいいと思うのかを意見交換してみましょう。何セットか繰り返すうちに、幾度も同じグループになる人もいれば、いつも別のグループになる人もいることに気づくでしょう。趣味や好きなものが似ていることは、人と人が親しくなる際のきっかけになりますし、考え方が違うからこそ面白い、刺激的という形で、違いもまた人と人が引きあう大きな理由となります。クラス開き時に導入すれば、ちょっと趣の異なった自己紹介の役割を果たしてくれるでしょう。

(1) ねらい

① 自分と好きなものが似ている、異なるなど、友だちのユニークな感じ方を知る。
② 思うことを言葉にしてみんなに向かって表現する。

(2) 用意するもの

四つ切り程度の画用紙を複数枚とサインペン、マジックなど。

(3) 方　法

① あらかじめ言葉のセットをいくつか用意し、それぞれの言葉を四つ切り画用紙の上端部に記入してカードを作成しておく。
たとえば、「朝食はご飯党、パン党、時間がなくて食べられないことが多い党」という三つ

の言葉のセットなら、三枚の画用紙に「ご飯党」「パン党」「時間がなくて食べられないことが多い党」と書く。その他にも「好きな科目は算数派、国語派、社会派、体育派」「スポーツならサッカーファン、バスケットファン、野球ファン」「もう一度生まれてくるなら男の子がいい派、女の子がいい派」「CDを買うなら浜崎あゆみの新曲派、宇多田ヒカルの新曲派、どちらでもない派」等々、導入する子どもたちの年齢や志向性を考慮した言葉のセットがいろいろ考えられる。

② 教師がまず一組目の言葉のセットを読み上げ、生徒は自分が好き、いいと思う言葉が書かれたカードのもとに集まる。

③ 集まった子どもの名前をカードに記入、その者たちで即席のグループをつくる。そして、どんなところが好きか、どうしてそれがいいのかを自由に言い合う。

④ 出た意見をカードに書き並べ、その言葉を売り込む宣伝用プラカードに仕上げる。

⑤ 宣伝用プラカードを使ってその言葉を売り込んでもらう。

⑥ 続いて第二の言葉のセットを読み上げて、②~⑤の作業を繰り返す。

⑦ 何セットか行ったら、何回も同じグループになった人がいたかどうか、みんなの意見を聞いてどう感じたかなど、数名の子どもにゲームの感想を尋ねる。

(4)　留意すべき点や応用

・全員が自由に意見を言うには、子どもの数があまり多くないほうがよい。そのため、クラスを出席番号順で前半・後半に分け、観客役とゲームの参加者役を交互に行ってもいいし、男女二組に分けて、男女別々に同時に行ってもよい。

・年齢が高い集団には、ユニークな考えや意見を問う言葉のセットが面白いだろうし、小学校低学年を対象にする場合は、好きなことやわかりやすい事実を尋ね、それをめぐって集まった子ども同士が顔を見合わせることができればよい。後者の場合には宣伝用プラカードをつくらずに、いろいろな言葉のセットを利用して友だちのさまざまな趣味・個性を知ることに重きをおくのがよいだろう。

・宣伝用プラカードはしばらく教室に貼りだすなどの利用価値がある。

「こころを伝える言葉の宝箱をつくろう」タイム

〝感じるこころを大切にしたい。正解やその場にふさわしい振る舞いだけでなく、ふっとわいてくるその子どもらしい受けとめ方をそのまま尊重したい〟という思いからつくりあげるエクササイズです。

さまざまな事態に遭遇し私たちのこころはいろいろと変化します。うれしい気持ちや楽しい感じになったり、時には悲しくなったり、腹立たしくて泣きたいほど悔しいなんてことが起こったりしますが、それだって極めて自然なこと、大切にしたい私たちのユニークな気持ちです。こころの変わりゆくさまを表現する言葉がいろいろあることに目を向けましょう。こころは非常に複雑なので、その状態を過不足なく表現する言葉を見つけるなんてめったにできることではありませんが、それでもいろいろな言葉を当てはめて違いを感じ取るようになれば私たちのこころはもっと細かく微妙な動きを感知できるようになるかもしれません。あまりうれしくない気持ちを言葉で表現しようと努めれば、それによって嫌な部分を外に出したり気持ちを浄化することが可能になるでしょう。そんな仕組みを子どもにわかりやすい言葉で伝えることがアサーションの出発点にあればよいと考えます。年少の子にはほとんどゲーム感覚で、小学校中学年の子どもには、複雑になった自分のこころにちょっとだけ真剣なまなざしを向けるような気持ちで取り組んでもらえるといいでしょうか。

このエクササイズは、グループワークを取り入れず、教師から生徒全体に向けて行う授業の形態に組み立てました。授業の対象を年少の子どもたちにおき、子どもの内面に強引に踏み込みすぎないよう配慮したことがその理由です。

自分の感情をなおざりにしたり否認する経験が蓄積すると、感じるこころが疲弊して動かなくなったり、一部の感情だけいびつに大きくなり些細なことで爆発（暴発）しかねない状態になります。「感じるこころを大切にしよう」とは、心身症的あるいはいらつきやすく、すぐキレやすい思春期の少年少女にこそ伝えたいメッセージなのですが、強制力とプライベート領域への侵入度に配慮し、詩や文章を読み聞かせる、クラス便りに載せるなどの距離をもった働きかけが彼らには適切なのではないかというのが私の意見です。実際に子どもたちの姿・表情を思い浮かべることができる先生方は異なる意見を抱くかもしれません。そのような判断をしていただくことが極めて大切でしょう。もっと年少の子どもたちを対象に、将来に向けた種まき的な心理教育として導入するのが、この「こころを伝える言葉の宝箱」をつくる作業です。

(1)　ねらい

①　喜怒哀楽の気持ちに目を向ける。

②　気持ちを表現するための言葉をたくさん集め、「こころを伝える言葉の宝箱」をつくる。

(2)　用意するもの

①　特になし。

②　授業後、黒板に書き出された「こころを伝える言葉」のいろいろを模造紙に転記し、教室の壁に貼りだすとよい。

(3) 手順

① 「この時間は、私たちのこころに生じるさまざまな『気持ち』について考える時間です。みんなで一緒に考えていってみましょう」などの言葉で、教師がクラス全体に働きかける。

＊プラス方向の気持ち

② 少しのあいだ目を閉じて座り、「何かいい気持ちがわいてきたとき」を一つ選んで具体的に思い出してみてほしいと言う（どんなに些細なことでもかまわないし、最近の出来事でも、少し前の出来事でもよい）。

③ どのようなことを思い出したか、思い出した内容について話してくれる子どもを数名募る（実際に五、六名程度の子どもに体験を披露してもらう）。

④ 「では、そのときのみんなの気持ちを言葉で言い表してみよう。どんな言葉が思い浮かぶだろう。気持ちにぴったりくる言葉は何か、いろいろ考えてみてください」と尋ねてそのときの気持ちを表現する言葉を募る（「うれしい」「やったー」「ほっとした」などなど、形容詞でも感嘆文でもかまわないので何でも思いつくままに発言してほしいと促す。出てきた言葉はそのまま全部黒板に書き出す）。

⑤ 黒板に書き出された言葉が、すべていい気持ちを言い表す言葉であることを確認する。同じようにいい気持ちを表現する言葉にも気持ちの強さや程度に差があると確認し、その差を

反映させて書く位置を変えるなどするとよい。

＊マイナス方向の気持ち

⑥　続いて、「よくない気持ちになったとき」を具体的に思い出すように言う（このとき、すごく嫌な気持ちを選ぶと思い出すことで辛くなったり嫌な気持ちに飲み込まれそうになる場合があるので、思い出しても大丈夫な程度の「よくない気持ち」を思い出すように伝える）。

⑦　思い出したことを話して聞かせてくれる人がいるかどうかを尋ね、もしいれば二、三人の子どもに披露してもらう（自発的に出てこなければここでは決して無理強いしないこと。教師自身の「よくない気持ち」になったときを披露するのでもよい）。

⑧　「よくない気持ち」について、④、⑤と同じようにそれを表現する言葉を探すように求め、子どもから出てきた言葉をすべて黒板に書き出す（気持ちの強さや程度に差があれば、その差を反映させる書き出し方をするとよい）。

⑨　こころを言い表す言葉がたくさん見つかったことを確認する。

⑩　気持ちとつきあうことに子どもたちの目を向ける。たとえば、「いい気持ちはこころ全体に拡がればうれしいし、よくない気持ちはあまり全体に拡がってほしくないものだね。否定的な気持ちがこころのなかにわいてきたとき、みんなはそれとどんなふうにつきあっているかな。一緒に考えてみよう」と言って、それについて子どもたちからいろいろな経験談や意見を

求める。

⑪　気持ちは大切にするのがよいこと、無理に押し殺したり無視するのは得策でなく、汲み取って誰かに語り聴かせられると自分の宝物になるということに関して簡単にレクチャーする。

(4)　留意すべき点や応用

・気持ちを表現する手段が言葉であり、詩や作文、絵になることを子どもにわかるような言葉で伝えるとよい。そのような作品を紹介することにも意味があるだろう。

・⑩で子どもから意見がたくさん出れば⑪のレクチャーは簡潔に済ませることができる。あまり意見が出ないなら無理強いせず教師から例をあげるとよい。

（参考：否定的な気持ちとつきあう方法には、「怒りに身をまかせて大声を上げる、身近な人やものにあたる、いやみを言う」といった行動化、「忘れようと努める、なかったかのごとく振る舞う」等の否認、そして「親身になって耳を傾けてくれる人に話を聞いてもらう、手紙にしたためる、日記に書く、なるべく冷静に嫌な気持ちを味わった相手に伝える」表出などの方法がある。第三のつきあい方ができるのが心身の健康に良いということは言うまでもない。もっとも、しばらく存在しなかったかのごとく過ごすしか為すすべがないような状況、それほど強烈な感情があることも忘れてはならないが。）

・みんなでつくった「こころを伝える言葉の宝箱」の下にでも「こころのなかがざわざわしてきたらみんなでつくった宝箱をひっくり返してふさわしい言葉を見つけて表現してごらん。親にでも友だちにでも先生にでも誰か聞いてくれそうな人に」という一文を書き添えたい。

「シェアリング・タイム」

海外の幼稚園や小学校でよく行われるプログラムを基にしたエクササイズです。最近、日本でも類似の時間が多くもたれるようですが、自分からシェアする（自己開示する）行為とシェアされたものに関心を示す（積極的に受け取る）行為の両方に焦点を当てたエクササイズにしました。一度行うと五、六名が言葉を交わす機会を得ることになりますが、年間を通して必ず一度はシェアする立場につくという年間計画を立てて臨むのがよいでしょう。あるいは一斉に原稿をつくり、シェアする練習をして本番を迎えるなど、一斉に行って全員分のシェアリング・タイムをまとめてとる方法もあります。小学校低学年から中学生まで幅広い子どもたちに導入することができるでしょう。

(1)　ねらい

①　自分のこと、自分の趣味や好きなもの、あるテーマに関する考えや意見をみんなの前で

披露する。

② 友だちの話に耳を傾けて聞き、もっとよく知りたいという好奇心からいろいろな質問をしてみる。

(2) 用意するもの

特になし（何をシェアしたいか、あらかじめ考えておくという作業が個人の宿題になる。シェアリングのためにあるとよいもの、クラスのみんなに見せたいものがあれば各自が前もって用意しておく）。

(3) 手　順

① シェアする人を「本日のゲスト」としてあらかじめ決めておく（シェアリングの内容は、まったく自由でもいいがクラスである程度の統一性をもたせておくとよい。たとえば、年少の子どもの場合には好きなことや趣味について、自分の名前や小さかったころの思い出の品物など。年長者には、最近それなりに燃えたこと〔一生懸命になったこと〕、感動した映画や本の話、小学校時代の思い出等々いくつかテーマをあげ、「本日のゲスト」がそのなかから選ぶとよい）。

②　みんなを代表する聴き手として四、五人の子どもが選ばれる。聴き手は「本日のゲスト」を取り囲むように座る（残りのクラスメイトは両者をさらに取り囲む観客となる）。

＊シェアリング・タイム

（「本日のゲスト」の自発的な語りと聴き手の質問に対する応答によってシェアリングが進む。）

③　「本日のゲスト」がまず最初の短時間を使って、あらかじめ準備しておいたテーマについてシェアリングする。

④　聴き手は「本日のゲスト」の話によく耳を傾け、そのことについてさらによく知るための質問をする。

⑤　「本日のゲスト」はそれらの質問に答える。答えにくいとかうまく答えられない、答えたくない場合には「パス」と言ってよい。聴き手はもっと答えやすかったり答えたいと思うような質問を考えようと努める。数名で相談してもよい。

④では、質問が七、八個ほど出たら質問タイムをうち切る。

⑤では、エクササイズの締めくくりとして、聴き手が「本日のゲスト」に感謝の言葉を伝える。〝大切な話を聞かせてくれてありがとう〟という気持ちを込め、自分のなかにわいてきた感想や気持ちを「本日のゲスト」に向けてフィードバックする。

(4) 留意すべき点や応用

・何かを話さなければいけない気の重い時間という雰囲気を排し、みんなからのあたたかい関心が向かう機会として学級に定着すれば何より望ましい。

・そのための工夫が、とりわけ導入しはじめたばかりのころにはいろいろ求められるだろう（たとえば、教師が最初の「本日のゲスト」になって聴き手から出される質問に対してパスも交えてあれこれ答えたり、聴き手は順番で選ばずに希望者を募ったり対人関係に臆さない数名の子どもから始めるなど。聴き手役の生徒たちから質問が出にくい場合、観客役の子どもの関心が離れがちな場合は、臨時にまわりを取り囲む観客役の生徒から質問やフィードバックを求めるのもよいだろう）。

・「本日のゲスト」を複数名選び、クラスのなかで四、五グループのシェアリングが同時並行するやり方もある。クラス全体で共有するのを重視したため、あえて「聴き手」と観客の二重構造を考えたが、あまり多くの時間をさけない場合、あるいは大勢の前で話さなければならない圧力を減じたい場合や、自然に近いやりとりを重視したい場合には、後者のやり方を選ぶとよい。

・長期的にみて、どの子どもにも「ゲスト」と聴き手になるチャンスが平等に与えられるよう工夫すること。

・パスは「本日のゲスト」の自由意志を尊重するためにも大切だし、質問を考えるという聴き手の重荷を減じるためにも大切なもの。あまり聞いてほしくない質問、尋ねるにふさわしくない質問は「ゲスト」がパスしてくれるから大丈夫と伝えることもできる。

「宿泊研修についてふり返ってみよう」

「友だちにほめ言葉のプレゼントをしよう」（園田・中釜著、前掲書。92頁参照）の応用版エクササイズです。宿泊研修やサマーキャンプなどの行事、文化祭に向けたクラスの取り組み、音楽祭、体育大会のふり返りをいつもの反省調の雰囲気とは異なる形で行いたいという思いから生まれました。小学校高学年から中学生向きのエクササイズでしょう。教師はやり方を説明した後は、一歩退いて全体の成り行きを見守る役に徹するのがよいようです。行事そのものが成功裏に終わった場合はたくさんのプラスのフィードバックが難なく見つかるでしょうし、行事自体にはいろいろな反省点があるといったときでも一人ひとりの貢献ぶりが改めてクローズアップされれば別種の達成感とともに行事が締めくくられるでしょう。

教師は「とてもいいことでなくてよい、少しでも良かったことや些細ながんばりがお互いに認められるといい」という姿勢がクラス全体に共有されるよう力を尽してください。

(1) ねらい

① 学級をあげた取り組みについてふり返る。
② 友だちのがんばっていたところ、いいところを見つけてそれを相手に伝える。

(2) 用意するもの

① 何種類かの便せん、あるいはあらかじめ準備しておいた「メッセージ・カード」(メッセージが自由に記入できるようになっているもの)。
② 筆記用具やクレヨンなど。

(3) 手順

*第一時限：メッセージの作成(個人作業)

① 五、六人のグループをつくる(サマーキャンプの生活班などがあらかじめ決まっている場合はそれを利用するのがベスト。とくに決まっていない場合にはランダムにグループ分けしてもいいし、身近なところで仕事をしていた者が組むのでもよい。いずれにしろ、相互にフィードバックしづらい組み合わせにならないように留意すること)。
② 自分以外のグループメンバー全員に向けて、プラスのフィードバックを考える。たとえ

ば、その人が結構がんばっていたこと、その人がしてくれたりそこにいてくれたおかげで自分や周囲の人が助かったり支えられたりしたことなど。簡単にあきらめずに取り組んでいたでもいいし、励まされたり楽しい気持ちになった一言などでもいい。そんなに大それたことでなくてもいいし、ほめすぎになるほどがんばってほめなくていい。ただし、必ず全員に宛てて一つずつ見つけること。なるべく具体的に、メッセージをもらった側が「ああ、あのときのあのこと」とわかるメッセージになるよう心がけるのがよい。

③　プラスのフィードバックをメッセージ調にして好きな便せん、または「メッセージ・カード」に記入する。

＊第二時限：メッセージの交換（グループ作業）

④　五、六人のグループで円になって座り、「親」を決める。

⑤　「親」の右隣の人が、親に宛てたメッセージ・カードを読みあげて手わたす。グループの人に聞こえるように読み、カードをわたしたら「親」は「ありがとう」と言って受け取る。

⑥　そのまた右隣の人が「親」へのメッセージ・カードを読んで手わたし、これを全員がやる。

⑦　「親」を交替して②、③を全員が繰り返す（全員の間でメッセージ・カードを送りあうことを完了すること）。

⑧　メッセージ・カードを送った感想、送られた感想をふり返り用紙に記入する。

＊第三時限：作文「宿泊研修について」を書く（個人作業）

⑨　グループの全員からもらったメッセージ・カードや⑧で記入した「ふり返り用紙」も参考にしながら、宿泊研修についての作文を自由に書く。

⑩　作文を書くにあたってメッセージ・カードをもらったことの影響があったかどうか、あったとすればどんな影響だったかについて何人かの意見を求める。

(4)　留意すべき点や応用

・プラスのフィードバックを一人に宛てて必ず一つずつ見つけることが最大の留意点である。これがメッセージを受け取る者にとって大切なのは言うまでもないが、全員に向けて何らかの肯定的メッセージを出すことがメッセージを送る側にとっても意味深い体験となる。

・子ども同士のやりとりに委ねていいと教師が判断するときに導入したいが、肯定的なメッセージを装って冷やかしや中傷文が送られる心配が払拭できない場合には、グループ作業に移る前に教師がチェックするというやり方もある。

・メッセージ・カードをわたし合うだけでも十分に強力なエンパワーメントとなる。このようなやりとりが初めての場合、あるいは思春期の子どもたちを対象になるべく自然でさりげない交流を促したい場合にはメッセージを声に出して読む部分を省くのがよいだろう。

・メッセージ・カードを送り合った後で記入したふり返り用紙や三時限目に仕上げた作文については、全員が読み合えるように貼りだすか文集にして配るのがよい（その場合はもちろん、前もって生徒に断っておくことが必要）。

・行事への取り組みが始まると同時にこのエクササイズを行うと提案しておくことができる。そうすれば行事の練習中や進行中、肯定的フィードバックをするのに役立ちそうなメモを残しておくことができる（行事のねらいの一つに「友だちのいいところを見つけよう、まわりの人の努力や協力ぶりにしっかり目を向けよう」という項目を掲げるのもよいだろう）。

3　結びに代えて

結びの言葉に代えて、協働の方向性を提示して3章を閉じることにしましょう。ここでいう「協働」とは、同じ学年担任のなかでグループワークが得意な教師とあまり得意でない教師の間の協働であり、担任と副担任や養護教諭との協働、あるいは教師とスクールカウンセラーの間の協働という意味でもあります。

協働——すなわち、それぞれが得意とする活動領域や役割・立場・考え方などの個性を尊重しながら、互いに折り合う地点を探し求めて関係をもち続けていくことは、学校現場におけるアサーションの実践にほかなりません。「相手にあわせて自分の考えを言わない（受身的）やり方」や「相手を軽視して自分のやり方を強引に押し通す（攻撃的）やり方」に比べて、実現はそう容易でないけれど、協働がもたらす可能性はなかなかどうして捨てたものではありません。まず、自分以外の人の力を借りることで、複数の見方を導入することができます。ひとりで抱えるのでなく相互検討が可能になり、子どもに関心を注ぎ声をかける人を複数に増やすことができるでしょう。教師という立場ゆえにできないことや近づけない領域、反対にカウンセラー（あるいは養護教諭）という立場ゆえにできないし近づけない領域への働きかけを相互に委ね合うことが可能になるかもしれません。アサーションのプログラムをクラスに導入するのは時期尚早、集団の状態としてふさわしくないと判断されるなら、自発参加の生徒が集まって放課後にグループを組む方法を協働体制があれば容易に思いつくでしょう。グループの運営をほぼ全面的にカウンセラーに任せるのもいいし、両者が等分にかかわって行う方法もあるでしょうが、そんな企画があると伝えるパイプ役を複数の教師が引き受けてくれれば、企画から恩恵を受ける子どもはさらに拡がるでしょう。

どのような悪条件下でも苦境でも、また最後のひとりになっても投げ出さないという堅固な姿勢が脱帽に値することは言うまでもありません。ただし、ひとりで担おうとしない姿勢が学校カウンセリング領域における「無理のない導入」、すなわち、教師にとっても個々の子どもにとっても学級の状態にとっても無理のない導入を保証する場合があります。子どもの育ちをめぐる環境の変化はかつてないほどの速度で進んでいますし、家庭の養育力・地域の教育力の弱体化がいわれるなかで、学級や学校に託される期待は増しこそすれしばらく減ることがないでしょう。今後、ますます謙虚に真摯に協働の方向性が追求される必要があります。

（中釜洋子）

注1　ベネッセ教育研究所所報、二六号（二〇〇一）に先生方を対象に行ったインタビュー内容として掲載されています。

注2　本書に掲載するエクササイズは、平成九～十年度における足立区立花保中学校における先生方の実践、「公立中学におけるスクールカウンセリングを考える会」の先生方の教育実践、IPI研究所（統合的心理療法研究所）がつくりあげた心理教育プログラムなどにヒントを得たものです。

4章

アサーション・トレーニングの実際

1 小学校におけるアサーション・トレーニング①「総合的な学習の時間」に活用した実践例

1 小学校におけるアサーション・トレーニングの必要性

小学校の教師として、学校教育にかかわって十数年になりますが、子どもたちの変化で強く感じていることは、コミュニケーション能力が低下したことではないかと考えています。教室のなかでの友だちとの関係、教師との関係、また、教室の外での親や地域の人たちとの関係など、さまざまな場面で行われるコミュニケーションのあり方を見ているときに、言語によって自己表現するコミュニケーション能力の低下を強く感じざるをえません。自分で伝えることよりも、他人を介して伝える方法をとったり、わずか一度のコミュニケーション・チャレンジですぐにあきらめてしまったりすることがとても多くなっているように思います。人が自己実現を図るときに、他人との交渉やもめごとの解決を避けて通れないことはとても多いと思います。

そのような場面で、お互いがそこにある事実をもとに折り合いをつけながら、課題解決の一致点を見つけだしていくために、コミュニケーション能力はなくてはならない「生きる力」であると考えることができます。

そのようなコミュニケーション能力を育成することは、かつては、日常生活のなかに多様な場面が用意されていました。その時々にコミュニケーションをする場面が体験的に試行錯誤され、洗練されて子どもの心の成長とともにコミュニケーション能力を獲得することができていたと考えられます。しかしながら、今日では子どもの数の減少や社会状況の変化から、学校生活や家庭生活のなかでの望ましい人間関係の体験の場も著しく減少しつつあると考えられます。このような状況のなかで、学校教育において意図的に良質な自己表現の仕方を学ぶことや自尊感情を高めるかかわりを行うことは、今日の子どもたちにとって必要かつ重要な「生きる力」の育成になるのではないでしょうか。

アサーション・トレーニングを取り入れた授業を実践できないかという課題が私のなかでも ち上がったのは、数年前のことでした。高学年、中学年の児童を対象に単発的な取り組みを繰り返していくなかで、徐々に構想が固まり、今回のまとまりのある実践につなげていくことになりました。

2　小学校におけるアサーション・トレーニングを活用した学習プログラムの概要

江戸川区内の公立小学校において、平成十二年度に年間三〇時間程度を使って第三学年の児童を対象に実施した「小学校におけるアサーション・トレーニングを活用したコミュニケーション学習プログラムの実践例」を紹介します。

平成十四年度から本格的に実施されはじめた「総合的な学習の時間」の指導計画を立案するなかで、子ども一人ひとりのコミュニケーション・スキルを高め、人とのかかわりを円滑にするために大切となるスキルを身につけることを目的とした体験的な学習プログラムを設計しました。

このプログラムは、大きく三つの部分で構成されています。

第一の部分は、この学習プログラムを実践するときの基礎となる「自尊感情や相互尊重のスキルを高める」グループワークです。子ども一人ひとりの自尊感情（self-esteem）を高めることにより、「自分は価値ある存在なのだ」という気持ちを育て、その延長線上に、友だちなど相手のことをも認めようとする「相互尊重」の気持ちが育つようなグループワークとして導入しました。最近の子どもたちの「ほめられ体験」を調べてみると、友だち同士でよいところをほめたり、ほめられたりすることは実態として少ない傾向にあります。それゆえに、意図的に学習プログラムのなかにそのような体験を組み込むことで、日常の人間関係によりよい影響を与えることを目的としました。また、次のアサーション・グループワークが効果的に行われるための意味合いももっています。

第二の部分は、この学習プログラムの中心的な内容となる「さわやかな自己表現のスキルを身につける」グループワークとなります。平成十二年二月に発行された『子どものためのアサーション（自己表現）グループワーク』（園田雅代・中釜洋子著、日精研心理臨床センター編）を参考として、子どもたちにアサーティブ・コミュニケーション・スキルを体験的に身につけてもらうことを意図したものです。最近の子どもたちのなかには、友だちに強い言い方で伝えてもめごとを起こしたり、友だちに伝えたいことが上手に伝えられなかったりするような場面が数多く見られます。よりよいコミュニケーションのとり方を具体的な体験であるグループワークを通して学習することを目的としました。

第三の部分は、これまで学んだコミュニケーション・スキルを日常生活のなかでどのように実際的に活用できるかを考えたり、行動したりする実践的なグループワークです。学級や学年の対人関係を越えて、学校生活全体でかかわりのある人たちや、あるいは、学校外に出かけて行って地域の人たちをコミュニケーションの対象として学習活動を行うものです。人と人とのやりとりを必要とする他の総合的な学習での活用（ポスターセッションでの発表活動や調べ学習での調査活動など対人関係が伴うもの）、学校生活全般や日常の授業の活性化、地域の人たちとの交流などを視野に入れています。今回の実践のなかでは、インタビュー活動やもめごとの解決の仕方を取り上げました。この部分では、コミュニケーション・スキルを実際場面でどのように活用するかを学ぶことを目的としました。

3　コミュニケーション・スキル学習プログラムの実際とその内容

(1)　自尊感情や相互尊重のスキルを高めるグループワーク

アサーションのグループワークに入る前に、ややゲーム性のある自尊感情を育てるグループワークを行いました。楽しさを体験しながら、「自分のよさ」「友だちのよさ」に気づき、お互いを大切にすることを学習します。表面的なほめ言葉にならないような配慮を常に行うことを心がけます。

ワーク1「ほめほめ大会」

［めあて］

①　友だちを肯定的に見ることを体験する。

② 友だちの肯定的なメッセージを受け取り、自分のよさに気づく。

［指導のプロセス］

① 四～五名程度のグループをつくり、机をつけて向かい合う。友だちにほめ言葉を書くカードを必要な枚数分だけ全員に配る。一人につき、ほめ言葉を三つ書く。

② 傷つく表現やふざけた言葉は書かないことを事前に約束する。書き終えたら、グループ内で順番にみんなで読み上げながら本人にわたしていく。

③ グループ全員がお互いにわたし終えたことを確認してから、「友だちの書いてくれたことで一番うれしかった言葉に色鉛筆で○をつけましょう」と伝える。

④ 友だちの言葉でうれしかったことを学級全員の前で発表し合い、シェアする。発表は強制せず、自由発表とする。「ふりかえり」を行い、そのときの気持ちをワークシートなどに記録しておくとよい。

［まとめ］

① 友だちにわたすカードは、子どもに自由に書かせても、用意したものでもよい。グループワークが終わった後、大切にとっておきたいという気持ちの子が多かった。

② 友だちから伝えられた自分のよさには、普段自分で気づいていないことも多くあった。書き言葉、話し言葉の両面で伝えたり、絵が加えられたりして子どもの工夫も多く見られた。

ワーク2「あなたはワンダフル」

［めあて］

① 友だちのよさに気づき、そのことを言葉で伝えたり、伝えられたりすることで、お互いを肯定的に受けとめることを体験する。

② あまり話したことのない子とのかかわりを体験する。

［指導のプロセス］

① 二人一組になり、椅子を使って大きな二重円になるように向かい合って座る。友だちのよいところを一分間ずつ交代で伝え合う。合図で席をそれぞれ反対方向に移動し、新しい相手と同じ活動を行う。

② お互いのよさを伝え合うときには、「思い浮かんだことを言葉にする前に、もう一度工夫すること」「お世辞を言わないこと」「友だちがなかなか言えなくても待ってあげること」「はじめと終わりに握手をし、あいさつしてから交代すること」などを守るように約束する。

③ できるかぎり、子ども同士がほめあう場面を数多く体験させる。普段、あまり話したことのない子ども同士も話せるように配慮する。

④ グループワークの「ふりかえり」をする。友だちから伝えられてうれしかったことや自

分がこのワークで考えたり、感じたりしたことを発表し合う。ワークシートなどにそのときの気持ちを記録しておく。

［まとめ］

① 自分では気づかなかった自分のよさについて考えるきっかけとなる。真摯にグループワークに取り組むことが大切で、心を伝えるという気持ちで行う。

② 学級のなかでも会話を交わすことの少ない子ども同士が交流するよい機会になる。友だちのよさを見いだしたり、気づいたりするためのよい体験になる。

ワーク3「ありがとうカードをプレゼント」

［めあて］

① 友だちから肯定的なメッセージを受け取ることで自己受容の気持ちを体験する。

② 友だちとの日常のかかわりから、相手に対する感謝の気持ちをもてるようにする。

［指導のプロセス］

① 最近、友だちから「親切にされたこと」や「やさしくしてもらったこと」などを一人ひとりに思い起こしてもらう。メッセージを書きはじめる前に、自由発言で具体例を発表してもらってもよい。

② 「ありがとうカード」を一人あたり一〇～一二枚程度を配布する。カードは白紙でも、絵などが印刷されたものでも実態に応じて使用するとよい。

③ 四～五人程度のグループ（生活班や学習班などを利用する）になり、お互いが親切にしてもらったことなどをカードに記入する。書き終えたことを確認し、お互いにカードをわたし合う。

④ 次に、学級全員で一つの輪になり、残りのカードを記入し、友だちと自由にわたし合う。

⑤ もらったカードをじっくり読んで、自分のどんな行動や言葉が友だちから感謝されているのかをふりかえる。そのときの気持ちを発表したり、ワークシートに記録したりしておく。

［まとめ］

① なにげなく生活しているなかで、あらためて友だちの親切ややさしさに気づき、積極的にその気持ちを伝え合う体験をする。子どもによってはカードの受け取りに多少の差が生じるが一枚ももらえないような状況がないように配慮したい。

② 友だちのあたたかい言葉にかかわりをもつことの楽しさを感じさせたい。また、カードをたくさんもらった子の日常の姿に焦点を当て、他の子どもの気づきを求めることも大切である。

ワーク4「マジック・チェア」

［めあて］

① 友だちから肯定的なメッセージを受け取ることで自己受容の気持ちを体験する。友だちに言葉で感謝の気持ちを伝える。

② 友だちのよい面を見つめる視点に気づき、言葉で伝えることができる。

［指導のプロセス］

① 教室に特別な椅子を一脚（ソファーなど）用意する。「特別な椅子」であることに意味がある。

② 普段あまりほめられる経験の少ない子などを優先的に選んで、「特別な椅子」に座らせる。その周囲にみんなで座る。

③ 椅子に座っている子に対して、みんなで真剣にほめ言葉を考える。普段の生活の様子を思い起こしたり、少し過去にさかのぼった出来事を思い起こしたりして心からほめるようにする。

④ 一人ひとりがほめ言葉を発表する。傷つくような表現をしたり、ふざけたりしないことを、事前に約束しておく。

⑤ 順番に、あるいは自由に挙手して発表する。言葉が思い浮かばないという子には強制せ

ず、次の機会に言えるようにと励ます。受け取る側は黙って、聞き、、みんなの発表の一番後に「感謝のコメント」をする。

［まとめ］

① 一人一五分程度で行う。一単位時間で三～四名できるが、ショートの学級活動などを使って日常的に行うのもよい。全員一度は体験できるようにする。

② 発表前にカードにメッセージを書いて手わたし、担任がまとめてリボンをかけてあげるなどの工夫をしてもよい。

③ 友だちのよい面を見ようとする意識が高まり、学級の雰囲気が寛大になる。

⑵ さわやかな自己表現のスキルを身につけるグループワーク

アサーティブ・コミュニケーション・スキル学習の中心部分となるグループワークによってアサーションの知識を理解し、体験的な学習活動によってそのスキルを身につけていく部分です。オリジナルプログラムは、先に紹介した『子どものためのアサーション（自己表現）グループワーク』ですが、小学校中学年向けに手を加えて実践していきました。対象学年によって工夫して活用するとよいでしょう。

ワーク5「アサーション・スキルを理解する」

① 3つの話し方を考えよう（アサーションの知識）

言語によるコミュニケーションを行うときには「3つの話し方」（攻撃的な話し方――いばりやさん、受身的な話し方――おどおどさん、アサーティブな話し方――さわやかさん）があることを理解し、その特徴を押さえ、その話し方が自分と友だちとの関係にどのような影響を及ぼすのかを考えます。理解を容易にするために、シナリオに基づいたビデオを自ら制作して子どもたちに見せました。この結果、中学年の子どもたちは3つの話し方の特徴をよくとらえ、理解することができました。

② 3つの話し方を体験してみよう（アサーション・スキルのロールプレイ）

「3つの話し方」のシナリオを使ったロールプレイを体験します。自分自身で「3つの話し方」を実際に試すことを通してその話し方の特徴の理解を深めます。子どもたちはシナリオの台詞を言葉にしてみることで、伝え方の違いを容易にとらえていきました。話す相手がさわやかさんのときは気持ちよくコミュニケーションがとれたと答え、また、話す相手がいばりやさんのときに嫌な気持ちになったと感じた子と、話す相手がおどおどさんのときに嫌な気持ちになったと感じた子、というように話す相手によるコミュニケーションのとりやすさについては、子どもたちの意見が二通りに分かれました。

③　3つの話し方のどれですか（アサーションの理解）

コミュニケーションをしている四つの場面状況が書かれたワークシートをもとに、「3つの話し方」のどれにあてはまるかを、個人で考えたり、グループや全員で話し合い、検討していくグループワークです。場面によって意見が分かれ、活発な話し合いができました。。話し合うことで「3つの話し方」の特徴への理解が深まりました。四つの場面の簡単なロールプレイも取り入れてみました。

ワーク6「アサーション・スキルを育てる」

①　あなたのなかの三人（アサーション・スキルの自己診断）

場面や状況によって自己表現の仕方やその傾向がどのようになっているかチェックリストを使って調べます。また、どのような場面や状況でアサーティブになれるのか、なれないのかに気づき、さわやかさんの自己表現を学校生活のいろいろな場面で使っていくことを心がけるよう呼びかけます。

②　さわやかさんで伝えよう（アサーション・スキルのロールプレイ）

場面や状況が設定されたマンガを利用して、さわやかさんの自己表現の仕方をグループワークのなかで子どもたち同士が考える体験をします。マンガの空白のふきだしに台詞を入れ、ロールプレイをしてより体験的に行いました。

③　自分のなかのさわやかさんを見つけよう（アサーション・スキルの自己分析）

日常生活のなかで、子ども自身がいばりやさんやおどおどさんになりがちな場面を書き出します。そのいくつかを取り上げて、さわやかさんで表現するとどのように人間関係が変化するかを考え、発表し合いました。

ワーク7「アサーション・スキルを深める」

①　自分はどんな人（自己受容、自己表現）

日ごろの自分自身をふりかえり、自分のことを掘り下げます。いくつかの質問項目に自分の答えを書き出し、その結果を絵や写真などを交えて画用紙に書いて作品にする作業をします。その作品は、教室に掲示したり、子ども同士で発表し合ったりしました。自分自身の気づきとともに、友だちに自分のことを知ってもらうよい機会になりました。

②　友だちにインタビューしよう（コミュニケーション・トレーニング）

「自分はどんな人」の作品を使って、グループごとに一人の子どもが他の友だちに次々にインタビューします。お互いに質問したり、されたりしながらコミュニケーションの仕方を練習するグループワークです。お互いのことを知り、理解を深め合うよい機会になりました。

③　友だちにほめ言葉をプレゼントしよう（相互尊重）

二人一組で相互に行うグループワークです。友だちのよさに気づき、それをほめ言葉にして手紙を書きます。手紙を読んで相手にほめ言葉として表現します。自尊感情を高めるグループワークのときよりもアサーティブな自己表現の練習としてていねいに行います。手紙を入れる封筒作りも行って相手に気持ちを込めてプレゼントできるような工夫をしました。手紙をあげた子どもも受け取った子どももうれしそうに感じていました。

④　グループで友だちにほめ言葉をプレゼントしよう（相互尊重）

前回のグループワークの発展として行います。四、五人のグループをつくり、一人の友だちにほめ言葉を贈ります。全員が終わるまで順番に贈る側と受け取る側を交代していきます。贈るときのほめ言葉、受け取るときの感謝の言葉をきちんと伝えるようにします。人によって友だちをほめる視点が違うことにも気づかせます。

⑤　自分にほめ言葉をプレゼントしよう（自尊感情）

ワークシートをもとに、自分のよさを見つめ直し、それを積極的にグループの友だちに伝えることができるようにします。自分自身に対する自信を育て、自分を認めていけるようにするグループワークです。友だちの前で自らのよさを話す体験を通して、自慢話ではなく、ありのままに自分のよさを率直に伝えていきます。

⑥ よく聴くための方法（アクティブリスニング・スキル、相互尊重）

言葉によるコミュニケーションにおいて、情報の送り手に対して「良質な聴き手」の存在は重要です。自分の話を確かに受けとめてもらうという体験は自分が大切にされていると強く感じるよい機会となります。教師と子どもで「話を聞かないロールプレイ」を演じている場面を見て、人の話を聞くときに大切なことは何かを考え、子ども同士でロールプレイをするときにそのことを生かして「人の話を聴く」練習をするグループワークです。

(3) アサーティブ・コミュニケーションを実践するグループワーク

これまで学んできたアサーティブ・コミュニケーション・スキルが日常生活のどのような場面で使えるのかを実際的に学習します。日常生活のなかで起きる「もめごと」などを題材として、アサーティブな自己表現の方法を使いながら解決したり、友だちとトラブルを起こした後の具体的な解決方法を個人で考えたり、グループ、学級全体で話し合うなかで考える体験をしました。また、学校内外の人たち（先生や主事さんなど）にインタビューをして記事を書き、人物紹介の新聞づくりをする活動もしました。さまざまな人とコミュニケーションを積極的に行うなかで、アサーティブな自己表現を上手に使ってみることを目的としました。

ワーク8「もめごとを解決しよう」

①　もめごとの解決を考えよう

日常生活のなかで起こるさまざまな「もめごと」の場面の一つをマンガでモデル化した教材を使い、その解決のプロセスを全員で読み進めながらたどっていきます。子どもたちに親しみやすいマンガを使うことは効果的でした。きょうだいげんかの発生、親の介入、当事者による自己解決の段階を順々にとらえ、具体的なコミュニケーションの力を使ってトラブルを解決していくプロセスを全員で考えました。

②　もめごとを解決してみよう

日常生活のなかで起きた実際の「もめごと」の場面を教材化して、さまざまな解決方法があることを個人、グループ、全員と段階をおって話し合って考えました。コミュニケーション・スキルを使うことで解決できることがたくさんあることに気づかせます。

ワーク9「交渉してみよう」

①　身近な人へのインタビューで取材したことをもとに新聞を書きました。

積極的に人と人とのコミュニケーションをすることの楽しさを味わいながら、今まで学習してきたコミュニケーション・スキルを実際場面で使っていこうと意図するグループワークです。

校内の先生や主事さん方に協力していただき、インタビュー活動を取り入れました。取材協力のお願いの仕方、取材後のお礼などたくさんの言葉でのやりとりの機会がありました。

② インタビュー新聞を発表しよう

自分たちが取材した新聞記事の内容をクラスの友だちと発表し合いました。ポスターセッション形式の発表方法を取り入れました。情報の発信・受信などコミュニケーション・スキルを十分に使って発表し合いました。

4 小学校におけるアサーション・トレーニング実践の成果と今後の課題

総合的な学習の時間を活用してコミュニケーション学習を導入した一番の理由には、子どもたちのコミュニケーション能力の低下をあげました。日常生活のなかで、人が人とかかわりをもつこと、人が人のなかで生きていくこと、人間関係を豊かにすることの基本にはコミュニケーション能力の獲得が欠かせません。そのためにもアサーティブなコミュニケーション・スキルを身につけることは円滑な人間関係を育むために必要不可欠な能力であると考えます。実際に、プログラムを実施した学級の子どもたちは、コミュニケーション・スキルの向上とともにものごとに積極的にかかわろうという姿勢が着実に身についていきました。学級内の人間関係も活性化して人とのかかわりに楽しさを感じたり、子どもたちの課題解決力が育成されてものごとに進んで取り組もうとしたりすることが増えました。その行動から返ってくるさまざまな反応や結果についても喜びをもって受けとめることができました。

小学校におけるアサーション・トレーニングを活用したコミュニケーション学習を、総合的な学習の時間のなかに位置づけていくとき、それは「生きる力」の基礎・基本となる重要な部分を担うことができるでしょう。しかしながら、日常生活でそのコミュニケーション・スキルを十分に活用していくことが大切であると考えるとき、さらに、実践的なコミュニケーション・グループワークの部分を工夫して展開する必要性があると感じています。ぜひ、本書を読まれた方々は、このプログラムの延長線上を埋めていく新しい学習プログラムを考案され、実践してくださることを心から願っています。

（豊田英昭）

2 小学校におけるアサーション・トレーニング②
『ドラえもん』からアサーティブな表現を学ぶ

はじめに

昼休みに男の子たちがドッジボールをしていたときのことです。ハジメさんとヒロシさんがけんかをしてしまいました。そこで、二人の言い分を聞いてみました。

ハジメ「『もっとしっかりやれよ』と、ヒロシさんがぼくのことを下手くそみたいに言うから頭にきたんです」

ヒロシ「すぐそばに相手がいるのに、ぐずぐずしていて投げないから、早く投げてほしいと思ってそう言ったんです」

ハジメ「ぼくは、相手の動きを見てから投げていたのに、『もっとしっかりやれよ』って言われたので、ばかにされたと思って怒ってしまったんです」

ヒロシ「ぼくは、ハジメさんのことを励まそうと思って、『もっとしっかりやれよ』と言ったのに、ハジメさんは勘違いしてぼくのことをぶってきたんです」

このように、学校生活、とくに学級内における日常のトラブルや悩みは、言葉遣いが原因となって起こることがよくあります。ですから、言葉遣いをより好ましい方向へ変えるだけでも、学級の雰囲気や人間関係は好ましい方向へと変わります。

アサーション・トレーニングは、自分を大切に考えながらも、同時に相手にも配慮した行動や言葉遣いの訓練です。そこで、私は、誰もが知っているアニメ『ドラえもん』のキャラクターである「しずかちゃん」を活用してアサーション・トレーニングを行いました。

「しずかちゃん」は、藤子F・不二雄の人気アニメ『ドラえもん』に出てくるキャラクターです。『ドラえもん』には、自分の考えを相手に伝えられず言いなりになる「のび太」、威圧的に相手を自分に従わせようとする「ジャイアン」、そして、自分の考えを上手に表現し思いのまま行動できる「しずかちゃん」が登場します。「しずかちゃん」はアサーティブな子のモデルとして取り上げることができると考えました。

【事例】三年生・特別活動――「しずかちゃん」になろう

ステップ1 「しずかちゃん」の言葉の特徴を見つける

① 「しずかちゃん」、「のび太」、「ジャイアン」の言葉を区別する。
（Tは教師の発言。Cは子どもの発言）
T「次の言葉は誰が言ったでしょうか」（三人のお面で答える）
ア「そのマンガの本、おれに貸せ。貸さないとぶんなぐるぞ」（ジャイアン）
イ「ドラえもん、たすけてよ。本当はね、ぼく……」（のび太）
ウ「ごめんなさい。きょうはピアノのおけいこがあるから遊べないの。明日ならだいじょうぶよ」（しずかちゃん）
エ「いいおもちゃ、持ってるな。おれが使ってやるから、こっちによこせ」（ジャイアン）
オ「うん、わかったよ。やればいいんでしょう」（のび太）
カ「これからケーキを作るの。もし、よかったら、いっしょに食べましょう」（しずかちゃん）

②「しずかちゃん」の言葉遣いと「のび太」や「ジャイアン」の言葉遣いの違いを見つけ、「しずかちゃん」の言葉遣いの特徴を知る。

T「どうして三人の区別ができたのかな」
C「ジャイアンはいばっている。だから、脅かした言い方をしている」
C「のび太は、はっきり言わない」
C「しずかちゃんは、相手のことを考えてやさしく言っている。だから、『ごめんなさい』と言うし、『明日ならだいじょうぶよ』とも言っている」
C「ジャイアンは、自分のことしか考えていない。自分勝手な言い方。『おれが使ってやるから、こっちによこせ』と言っているからわかる」
C「のび太は、本当の気持ちを言っていない感じがする。それに、『ぼく……』とはっきり言わないから、何を言いたかったのかがわからない」
C「しずかちゃんは、自分のことだけでなく、相手のことも考えて言っている。『もしよかったら』と言うし、『いっしょに食べましょう』と言っている」
T「ジャイアンは、いばった言い方。のび太は、はっきりしない言い方、ということがわかりました。では、しずかちゃんの言い方はどんな言い方といえるでしょうか」
C「自分のことをはっきり言う言い方」

C「自分のことも相手のことも大切にしたやさしい言い方」
C「自分のことも相手のことも考えたいい言い方」
T「みんなの考えをまとめると、しずかちゃんの言い方は、『自分のことも相手のことも大切に考えてはっきり言う言い方』ということになりますね」
C「はい。いいです」

ステップ2 「しずかちゃん」の言葉遣いをまねしよう

※この学習に入る一週間ほど前に、プリント（資料1）に実際にありそうな場面を想定して、自分の普段の応答を書かせておきます。

ステップ2では、「しずかちゃん」の言葉遣いの特徴を自分の言葉遣いに取り入れるための学習をします。ねらいは、

資料1　（プレテスト）

年　組　番　名まえ（　　　）

あなたは，つぎのようなとき，どのように言いますか。

1　友だちを遊びにさそうとき。

2　用事があって，友だちと遊べなくなったとき。

3　友だちとのやくそくをわすれたとき。

4　読みたい本を友だちからかりるとき。

5　となりの人に消しゴムをかりるとき。

アサーティブな表現を意識的に使い、表現力を高めることにあります。

そこで、日常生活にありそうな場面（友だちを遊びに誘うとき、友だちとの約束を忘れたとき、読みたい本を友だちから借りるとき、など）を想定して作成したプリントの問題（資料2）にステップ1で学習した「しずかちゃん」の言葉遣いの特徴をまねして応答の文章を書きます。

次に、学習前に書いた文章と学習後に書いた文章を比べ、どこがどう変わったのかを調べます。そして、「自分も相手も大切に考えてはっきり言う言い方」になっているか、友だちと意見の交換をして確かめます。話し合いながら気がついたことがあったら修正させます。

資料2　（ポストテスト）

年　組　番　名まえ（　）

あなたは，つぎのようなとき，どのように言いますか。「しずかちゃん」になったつもりで書いてみましょう。

1　友だちを遊びにさそうとき。

2　用事があって，友だちと遊べなくなったとき。

3　友だちとのやくそくをわすれたとき。

4　読みたい本を友だちからかりるとき。

5　となりの人に消しゴムをかりるとき。

① 「しずかちゃん」言葉をまねして、文章を書く。

Ｔ 「しずかちゃんの言葉遣いをまねして、プリントの問題に答えましょう」

Ｔ 「しずかちゃんの言葉遣いの特徴はなんでしたか」

Ｃ 「自分も相手も大切に考え、はっきり言う言い方です」

Ｔ 「そうですね。では、早速書いてみましょう」

② 学習前の文と学習後の文を比べる。

Ｔ 「今やったプリントの問題は、実は一週間前にやったプリントと同じ内容です。今やったプリントの文章と、前にやったプリントの文章を比べてみましょう」「何か気がついたことはありませんか」

Ｃ 「前に書いた文章は、友だちを遊びに誘うとき、『遊ぼう』としか書いてなかったけれど、今日書いたほうは、『○○さん、もし、よかったら、○○して遊ぼう』というふうに詳しく書きました」

Ｃ 「前に書いた文章は、『○○くん、遊ばない』でした。でも、今日書いたほうは、『○○くん、今日、暇？ もし、暇だったら、公園で野球しよう』というふうに、相手に聞く言葉が入りました」

C「ぼくは、友だちとの約束を忘れたとき、前に書いた文は『約束忘れて、ごめんなさい』でした。今日は、『ごめんなさい。急用ができて、行けなかったんだ。電話するのを忘れてしまってごめんなさい。そのかわり、もしよかったら、今日遊ぼう』と書けました」

C「読みたい本を友だちから借りるとき、前は、『その本、貸して』としか思いつかなかったけれど、しずかちゃんの言葉をまねしたら、『その本、前から読みたかったんだ。もし、よかったら、読み終わったあと貸してね』という文になりました」

T「しずかちゃんの言葉をまねすると、自分も友だちも大切にした言い方になりましたね。それでは、今の友だちの発表を参考にして、もし、自分の文章を書き直したり、書き加えたりしたい人はなおしてください」

ステップ3　「しずかちゃん」になったつもりで劇をしよう

ステップ3では、即興劇のなかでしずかちゃんの言葉遣いを実践的に学習します。これは、言葉のもつ意味や相手に与える心理的影響を体験的に学習し、表現の良し悪しを確認することができます。ですから、役割を交代して、相手の気持ちを理解し、相手の立場に立った言葉遣いや表現を考えるように指導します。

即興劇がしやすいように、空き教室や体育館、多目的教室のような広い部屋でやるのが好ましいと思います。はじめは必要最小限の指示にとどめ、自由にやらせます。上手、下手は問題にしません。自分の思いを素直に表現できる雰囲気をつくります。お面をつけると効果的です。

T「これから、しずかちゃんになったつもりで劇をします。男の子は、しずかちゃんでなく、しずおくんにかえてもいいです。では、二人組になってください」

T「最初の場面はこれです」

となりの子が、あなたの消しゴムを黙って使いました。そのときあなたは、となりの子にどのように言いますか。

T「しずかちゃんになる人、となりの子になる人を決めましょう」

T「ここで約束があります。先生がはじめと終わりの合図をします。『ようい、はじめ』と言ったらはじめてください。『そこまで』と言ったらやめてください。はじめの合図から終わりの合図までが劇になります」

※しばらく自由にやらせたあと、希望者にみんなの前で演じてもらいました。
（グループ1）（「し」はしずかちゃん〈しずおくん〉役の児童）
T「ようい、はじめ」
し「太郎さん、私の消しゴム、黙って使わないで。忘れたなら一言言ってね。貸してあげるから」
男「ごめんね。今度からそうする。ありがとう」
T「はい、そこまで」
T「感想や意見を聞きます」
C「女の子が『黙って使わないで』とはっきり言っているのがいいと思う」
C「男の子が、『ごめんね』『ありがとう』と言っているからやさしさが伝わったと思う」
T「今度は、役割を交代してください」
T「ようい、はじめ」
し「花子さん、それ、ぼくの消しゴムじゃない。だって、ぼくの名前が書いてあるよ」
女「あら、そうだったの。下に落ちていたから使っちゃった。ごめんね。返すわ」
し「……」
T「はい、そこまで」

T「それでは、感想や意見を聞きます。最初は演技をした人に聞きます」
C「男の子が、消しゴムを『ぼくのじゃない。だって、名前が書いてあるよ』とわけを言ったところがよかった」
C「女の子が、『下に落ちていたから使っちゃった』とわけを言っている」
C「女の子が、『ごめんね。返す』と言ったけれど、しずかちゃんのような言い方に聞こえませんでした。だから、その後、男の子は何も言えなかったのかなあと思いました」
T「どう言えばよかったのかな」
C「『あら、そうだったの』と言わないで、そこで、『ごめんね』と言えばよかったと思う」
C「そんな感じがする」
(グループ2)
T「では、次のグループにやってもらいます」
T「ようい、はじめ」
し「ヒロシさん。その消しゴム、もしかして私のじゃない」
男「そうだよ」

し「黙って使わないでね。私、探しちゃった。忘れたなら、忘れたと言ってね。そうすれば貸してあげるから」
男「勝手に使って、ごめんなさい」
し「わかってくれてありがとう。さあ、どうぞ」
男「ありがとう。もう忘れないから」
T「はい、そこまで」
T「それでは、劇をした感想を発表してください」
男「女の子が、『黙って使わないで』『探しちゃった』と言ったので、悪いことをしたなと思いました」
し「男の子が、『そうだよ』と言ってくれたので、後の言葉が自然に出ました。だから、『わかってくれてありがとう』と言ってしまいました」
男「女の子が、『さあ、どうぞ』と言ってくれたのがうれしかった。でも、忘れるのは恥ずかしいと思ったので、『もう忘れないから』と言いました」
T「見ていた人に感想や意見を聞きます」
C「女の子が、怒りながら言わなかったのがよかったと思いました」
C「『ありがとう』が続いているから明るい感じがしました」

T「では、次の場面です。今度は、三人で行います」

太郎君が花子さんの本を取りあげて、意地悪をしています。そのとき、あなたは、太郎君にどのように言いますか。

T「ようい、はじめ」
花「返して、返して、太郎君」
太「やあーい、やあーい、返してほしけりゃここまでおいで」
し「太郎君、意地悪はよくないよ。花子さんが困っているでしょう」
太「わかった。やめるよ」
し「悪いことをしたと思ったら、花子さんに謝ったら」
太「花子さん、ごめんなさい」
T「はい、そこまで」
T「感想や意見を聞きます」
太「ぼくは、意地悪していたときはおもしろく感じたけれど、しずかちゃんが『花子さんが困っているでしょう』と言ったとき、やめようと思った。『困っているでしょう』

と言われたので、悪いことだとわかりました」
花「しずかちゃんが、声をかけてくれたとき、助けてもらえてうれしかった」
し「花子さんが、意地悪されて困っているようだったので、『花子さんが困っているでしょう』と急いで言いました」
C「しずかちゃんが、すぐに太郎君に言ったのがよかった。タイミングが大切だと思いました」
C「今の劇を見ていて、すぐに言えば怖くないような気がしました。もし、しばらくしてからだと怖くなって言えないかもしれないと思いました」
（以下略）

授業の最後に、児童に感想を書いてもらいました。
「世界のみんながしずかちゃんのこころのようにやさしいこころになってほしいです。相手と自分の気持ちをよく考える人になりたいです。たった一言だけで一人ひとりの意地悪な気持ちがやさしい思いやりのある気持ちに変わるんだなあと思いました」（女児）
「『ドラえもん』のアニメに出てくる人で勉強できたのでわかりやすかったです。わたしもしずかちゃんみたいになりたいなーと思いました。劇をやったので、どういうふうに言えばいい

かがよくわかりました」(女児)

「しずかちゃんの勉強をして、困ったときや友だちと遊ぶときに、どのように言えば自分の気持ちが相手に伝わるか、わかりました」(男児)

アサーション・トレーニングの成果と課題

アサーション・トレーニングは、事例に示したように子どもたちの言語感覚を豊かにし、自分も相手も大切にしようという心を育てます。自尊感情を育てるといってもいいでしょう。さらに、いじめや不登校の原因が子ども同士の言葉遣いによるトラブルが要因の一つになっていることを考えると、とかく希薄になりがちな人間関係をより好ましいものへと改善する働きがあります。

しかし、一度か二度のアサーション・トレーニングではあまり効果は期待できません。むしろ日常の学級経営のなかでアサーションを意識させることが重要です。そこで、私は、次頁の図に示すような掲示物を作成し指導をしています。「友だちから学ぼう」という気持ちを育てれば、友だちの話をしっかり聴きます。しっかり聴くことにより、友だちも自分の話をしっかり聴いてくれるようになります。相互に尊重し、尊重される関係が生まれます。さらに、友だちの話を聴き、「自分の考えを広めたり、深めよう」という気持ちが育てば、より一層友だちの大切さがわかります。

小学校におけるアサーション・トレーニングは、学級経営を抜きには考えられません。ですから、教室内の人間関係を醸成する過程で適宜行い、言葉遣いによる抵抗を軽減すること、友だち関係や人間関係がある程度できた段階で、さらによりよい関係をつくるために行うという目的意識をもって意図的計画的に行うのが大切だと考えます。

（鈴木教夫）

友だちから学ぼう。自分の考えを広め、深めよう。

◎話し手
ア　根拠や理由を明らかにして発表する。
イ　具体的な内容で説明する。
ウ　大きな声で発表する。
エ　自信をもって発表する。
オ　相手を見て発表する。

◎聞き手
ア　興味・関心をもって聞く。
イ　うなずきながら聞く。
・そうかな
・自分と同じだ
・なるほど
ウ　話し手に言葉を返そう。
・〇〇さんの意見から、
〇〇に気がつきました。
〇〇がわかりました。
〇〇が伝わりました。
〇〇と思うようになりました。

展開2	「しずかちゃん」になったつもりで劇をしよう。		
	6「しずかちゃん」になったつもりで即興劇をする。	○自由に演じさせる。	・希望者に演じさせる。
	〈課題1〉 となりの子が，あなたの消しゴムを黙って使っていました。そのとき，あなたはどのように言いますか。		
	・予想される反応 「その消しゴム，わたしのです。」	○自由に発言させ，特徴にあった発言を探す。 ○演者やフロアーの児童の感想を出し合い，話し合う。	
	〈課題2〉 太郎君が花子さんの本を取りあげて意地悪をしています。あなたは，太郎君にどのように言いますか。		
	・予想される反応 「太郎君やめなよ。意地悪はよくないよ」 「太郎君，花子さんが困っているでしょう。意地悪はよくないわ」 「太郎君，意地悪するなんて，太郎君らしくないわ。悪いことはやめましょう」	○演者やフロアーの感想や意見を出し合う。 ○役割を交代してもう一度行う。 ○役割を交代した児童に気持ちの違いを発表させる。	
	〈課題3〉 太郎君が花子さんの本を取りあげて意地悪をしています。あなたは，花子さんにどのように言いますか。		
	・予想される反応 「花子さん，勇気を出して，『やめて，返して』と言いましょう。きっと返してくれるわ」 「花子さん，がんばって『本，返して』って言いましょう。わたしも一緒に言うわ」	○演者やフロアーの感想や意見を出し合う。 ○役割を交代してもう一度行う。 ○役割を交代した児童に気持ちの違いを発表させる。	
終末	7アサーティブな表現をした感想を書く。	○感想用紙に本時の感想を書く。 ○数名の児童に感想を発表させる。 ○感想をもとにアサーティブな表現は「自分を大切にしている表現。相手も大切にしている表現」であることを確認する。	感想用紙

資料3　アサーショントレーニング指導案（3学年・特別活動）

1　目標

日常の言葉遣いについてふりかえり，アサーションの言葉遣いとそうでない言葉遣いとの違いがわかり，アサーションのよさに気づくことができる。

2　指導観

児童に人気のある「ドラえもん」のキャラクターをモデルに，攻撃的な表現，非主張的な表現，アサーティブな表現の違いについて気づかせたい。そして，ロールプレイを取り入れながら，自由にのびのびと楽しく学習させ，アサーティブな表現が自然に出てくるようにさせたい。

3　本時の学習指導

(1)ねらい

・攻撃的な表現，非主張的な表現，アサーティブな表現の違いについて気づかせる。
・アサーティブな言葉遣いの特徴を知り，アサーティブな表現ができるようにする。

(2)本時の展開　　注）2時間連続の指導案（略案）。

	学習活動・内容	教師の支援・留意点	備考・評価
導入	1 攻撃的な表現，非主張的表現，アサーティブな表現を，見分ける。 2 攻撃的な表現，非主張的表現，アサーティブな表現の特徴に気づく。	○3つの文を示し，「ジャイアン」（攻撃的），「のび太」（非主張的），「しずかちゃん」（アサーティブ）のうち誰の言葉であるか見分けさせる。 ○どうして区別できたのか，理由を発表させる。 ○「ジャイアン」，「のび太」，「しずかちゃん」の言葉遣いの特徴を押さえる。	・それぞれのお面で答えさせる。 ・いばっている「ジャイアン」 ・おどおどしている「のび太」 ・はっきり言う「しずかちゃん」 （評）3人の言葉遣いの特徴を理解できたか。
展開1	「しずかちゃん」になろう 3「しずかちゃん」の言葉を思い出し発表する。 4 課題プリントに「しずかちゃん」になったつもりで課題の文章を書く。 5 普段自分が使っている言葉遣いと「しずかちゃん」の言葉遣いとの違いに気づかせる。	○思いついたまま自由に発表させる。 ○数人の児童に発表させ，「しずかちゃん」の言葉遣いの特徴にあっているか話し合う。 ○「しずかちゃん」の言葉遣いの特徴をまとめる。 ・自分の考えをはっきり言う。 ・相手のことも考えて言う。	・「しずかちゃん」のお面を付ける ・課題プリント ・以前に書いた同じ内容のプリントと見比べ，その違いに注目させる。

3 人間教育の一環としてのアサーション・トレーニング

中学校におけるアサーション・トレーニング①

浜松市立笠井中学校では、「互いのよさを認め合い、魅力ある自分づくりをする生徒」を研究テーマとして、人権教育を柱とした教育実践を進めています。お互いを尊重し合う豊かな人権感覚をもった生徒の育成をめざし、将来に向けての「生きる力」を育もうとしています。

生徒の人権感覚は、基本的には家庭のなかでの生活を中心とした生育のなかでその基礎が培われてきます。さいわい、本校は地方都市の郊外にある準農村地帯にあり、家庭環境には恵まれた地域といえます。生徒も基本的に素直で、思いやりのある子どもたちです。ところが、学校のなかでは、いじめやそれを原因とした不登校など、人権にかかわる問題が例外なく発生しています。

この原因はどこにあるのか、私たちは生徒一人ひとりの人間関係能力の実態を把握するために、人間関係能力調査を行いました。その結果、平成十一年五月に実施した人間関係能力調査をみると、人間関係能力の五概念のうち、自己開示能力がとくに劣っていることがわかりました（図1）。

つまり、自分の考えや思いを正確に相手に伝える能力が不足していることによってトラブルが発生していることです。実際、悪気なくカバンを蹴ってしまったがうまく謝れないとか、仲間から言われたことをうまく断れないなどというささいなことがきっかけとなって問題が発生しています。

子どもたち自身は素直で、思いやりのある子どもたちです。そこで、自分の考えや思いを素直に相手に伝えることができたならば、学校において発生する人権にかかわる無用なトラブルの何割かを未然に防ぐことができるのではないかと考えました。

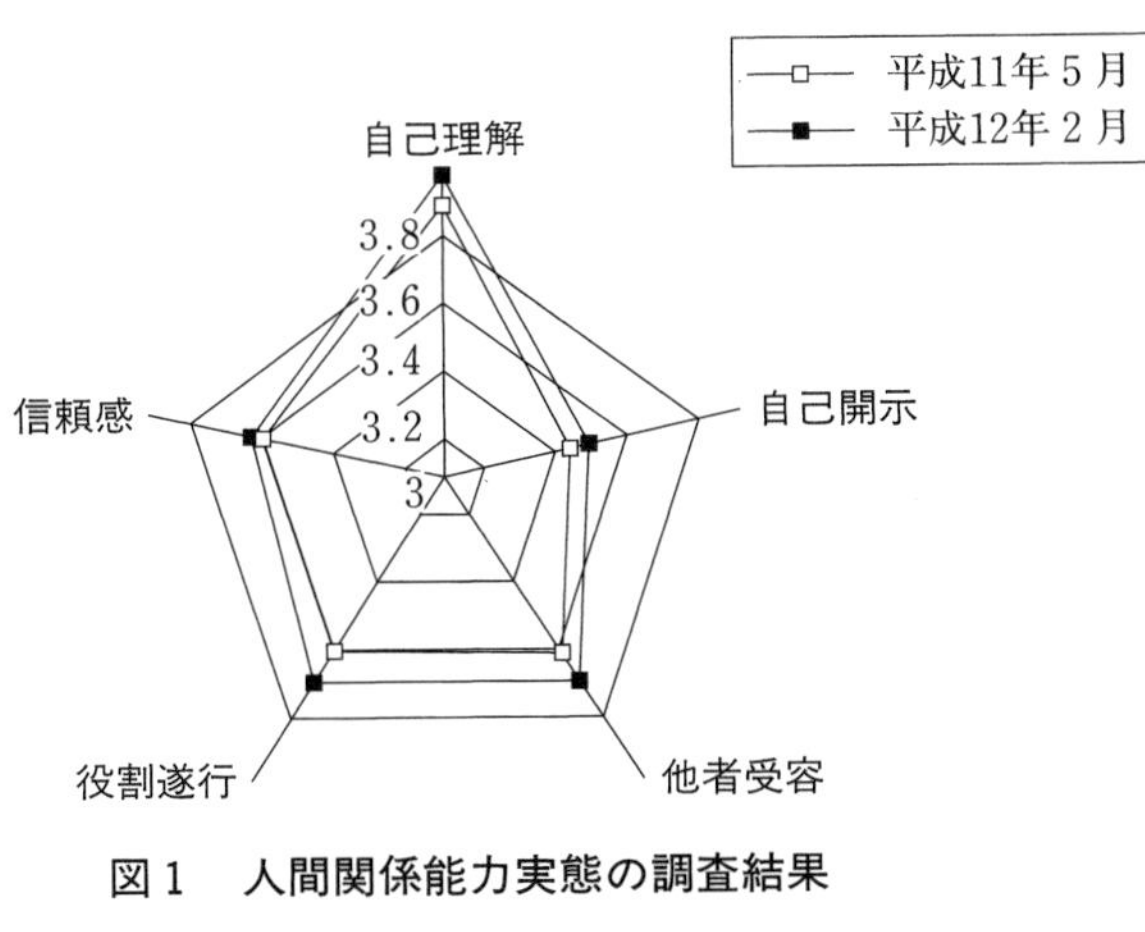

図1　人間関係能力実態の調査結果

自分を出せる力を引き出す

自己開示能力は、子どもたちの生活のなかで育成されていきますが、現代の核家族化した家庭生活のなかでは十分に育成されません。とくに、対人関係としての自己開示能力は学校などの集団生活のなかで育成されていかなければなりません。しかし、実際には、稚拙な対人関係能力のぶつかりあいでは、かえって、より自分を出さない子どもたちが増えています。

そこで、意識的に自己開示能力を高める活動をすることが必要になります。学校において、アサーション・トレーニングを実践することの意義はここにあります。

本校では、アサーション・トレーニングをその内容によって道徳および総合的な学習の時間で実施しています。自己開示能力の育成については、特別に時間を設定しなくても日々の生活のなかで指導していけばよいという考えもあります。確かに、日常生活の具体的な場面で指導していくことはいうまでもありませんが、具体的な場面では自分の感情が優先してしまいます。感情に流されない特別な場面として設定することが、客観的に見つめることになり、より効果を上げることになります。

本校では、園田雅代・中釜洋子両先生の『子どものためのアサーション（自己表現）グループワーク』を参考に、三年間を通じて図2のような計画を立て実践しています。

図2　アサーション・トレーニング年間計画

年度当初のアサーション・トレーニング（4月）
　1年　ふれあいオリエンテーション
　　　　「アサーションとは」
　2・3年　学級づくりアサーション

前期のアサーション・トレーニング（4，5，6月）
　1年「3つの話し方を知ろう」
　　　「3つの話し方を試してみよう」
　　　「3つの話し方を区別しよう」
　2年「あなたのなかの3人」
　　　「さわやかさんで言ってみよう」
　　　「一人ひとりのさわやかさん」
　3年「友だちにほめ言葉のプレゼントをしよう①」
　　　「友だちにほめ言葉のプレゼントをしよう②」
　　　「自分にほめ言葉のプレゼントをしよう」

ふれあい週間（10月）
　講話，実践的アサーション

後期のアサーション・トレーニング（12，1，2月）
　1年「どう言えばよかったのだろう」
　2年「自分のよさに気づこう，表現しよう」
　3年「進路アサーション」

ふれあいオリエンテーション

本校では、一年生を対象にして、四月に二泊三日の「ふれあいオリエンテーション」を実施しています。新入生に対し、良好な人間関係と学級づくりをめざしています。そのなかで、生徒に対し、アサーティブな自己表現（自分も相手も大切にした自己表現）を身につけることのすばらしさ、大切さについて話をします。はじめに、アサーション・トレーニングに取り組むことへの意欲づけを行うことがとても大切です。先生方による話やロールプレイング等を通じてアサーティブな自己表現のできる子とできない子では、学校生活の楽しさがどれほど違うかを実感するように働きかけます。

この場面では、次のことを確認することが必要です。

① アサーション・トレーニングを行うことによって、アサーティブな自己表現が身につき、多くの友だちができ、楽しい学校生活を送ることができます。

② アサーション・トレーニングは、あくまでも自己を高めるためのトレーニングですので、日常の自分と切り離して、恥ずかしがったり、ものおじしたりしないで訓練として実施していきます。

③ 自己表現の仕方は、言葉だけでなく、表情や声の調子などいろいろな表現があるので、

自分に合った表現の仕方を身につけていきます。

アサーティブな自己表現を知る――一年生の活動

一年生の段階では、アサーティブな自己表現とはどういう表現なのかということを知ることを主眼においています。同時に、自分の自己表現がどのような表現なのか、自分を理解することもねらいとしています。

段階①「3つの話し方を知ろう」

「テスト前にテスト勉強に使いたいノートを友だちから貸してくれと頼まれたとき」「友だちと遊ぶ約束をしていたのに待ち合わせ場所に友だちが現れず、すっぽかされたとき」などの場面において、非主張的な話し方の「おどおどさん」、攻撃的な話し方の「いばりやさん」、アサーティブな話し方の「さわやかさん」の3つの話し方の例を示し、それぞれの話し方の特徴を話し合います。

教師が実際のそれぞれの話し方を役割を演じて生徒に示すことが効果的です。そのなかで、「さわやかさん」の話し方が望ましいということに気づくようにします。

段階②「3つの話し方を試してみよう」

段階①の各場面における3つの話し方を、二人組、またはグループで実際にロールプレイングによって実演します。話す内容だけでなく、話す表情、声の調子にも注意して実演させることが大切です。その後、3つの話し方を演じた感想を出し合います。「おどおどさん」では、言いたいことが言えず、暗い気持ちになりすっきりしません。「いばりやさん」では、相手が嫌な気持ちになります。これは、「おどおどさん」では、自分の人権を主張することができないことで自分の人権を損ない、「いばりやさん」では、相手の人権を無視して主張することによって相手の人権を損ねているからです。このことを確認することによって、自分の人権も、相手の人権も大切にした「さわやかさん」の話し方が最もよいことを実感させることができます。

段階③「3つの話し方を区別しよう」

清掃時に遅れてきた友だちに一言、テストの成績が悪く落ち込んでいる友だちに一言など、グループごとに、いろいろな場面を自由に想定して会話を交わします。そして、その話し方がどの話し方か、グループのなかで意見を出し合います。自分では「さわやかさん」と思っていたことが、実は相手を傷つける話し方だったということもあります。言葉はやさしい言葉でも、表情や話し方によっては、相手に逆にとられることもあります。ここでは、話し合いをすることによってアサーティブな自己表現とはどういう表現か、より深く理解することをねらいとしています。

段階④「どう言えばよかったのだろう」

実際の家庭や学校での生活のなかで、ちょっとした言葉のすれ違いからトラブルになった出来事を各人で思い起こします。現在は解決している出来事でもかまいませんし、継続している問題でもかまいません。その場面で、どんな話し方をしたからトラブルになったのかもう一度客観的に考えてみることが大切です。その後、グループで話し合うなかで、自分がどのような自己表現をしているのか自分の問題点をつかむことをねらいとしています。

段階①～③のトレーニングが一学期に実施するのに対し、段階④は二学期後半から三学期にかけて実施します。一年間の生活のなかから少し具体的にアサーティブな自己表現について考えていきます。

これらの一年生のトレーニングのなかでは、グループ学習を多く取り入れています。グループでの話し合いやそのなかで自分の考えを主張することもアサーション・トレーニングの一つとなります。最初はぎこちない話し合いも、トレーニングが進むとその効果が話し合い活動にも現れてきます。トレーニングそのものがトレーニングの成果を確かめる場ともなっているのです。

アサーティブな自己表現を使う――二年生の活動

二年生では、実際の学校生活、家庭生活のなかでアサーティブな自己表現を使うことができ、また、その表現を通じて無用なトラブルを未然に防ぐことができるようになることをねらいとしています。

段階①「あなたのなかの三人」

ここでは、自分がどのような場面で、どのような自己主張をしているのか「さわやかさんスタイルチェックリスト」をもとに判定します。友だちに対して、家族に対して、先生に対して、それぞれどんな自己表現をしているのか、同じ人でも、相手によって自己主張のスタイルが違うことがあります。家ではなんでも主張する子が、学校ではとてもおとなしくて主張しない、先生にはなんでも言えるが、友だちにはなにも言えないなどということはよくあります。

自分の自己表現のスタイルをつかみ、どのような場面での自己表現をトレーニングすればよいのか、自分で確認する機会とします。

段階②「さわやかさんで言ってみよう」

「先生に頼まれた用事をしていて次の授業に遅れてしまい、次の授業の先生に怒られてしまった。さあ、あなたは先生にどのように言いますか」。

このように学校生活や家庭生活におけるいくつかの場面を設定し、相手の気持ちを尊重しながら自己主張をするために、アサーティブな自己表現の仕方をトレーニングします。グループで表現のセリフづくりをしたり、ロールプレイングで実演したりします。また、このときには、セリフだけではなく表情や、声の調子もあわせてトレーニングします。実際の生活のなかでは、表情や声の調子が言葉以上の効果を生み出すことも多くあります。さらには、ロールプレイングにおいては、相手方もただ話を聞くのではなく、それに対してアサーティブに返事を返すことも大切なトレーニングです。

段階③「一人ひとりのさわやかさん」

段階①でつかんだ自分の表現スタイルをより改善するために、自分が「いばりやさん」や「おどおどさん」になってしまう場面設定を想定して、アサーティブな自己表現のセリフを考えたり、表情や声を工夫してトレーニングします。

朝のあいさつの声と表情、特定の相手との場面を想定してのセリフづくりなど、それぞれ自分にあわせ日常の生活に生かせる自己表現を行います。実際の生活を想定すれば、場合によっては他人に知られたくない場面設定をすることもあります。この活動では、必ずしもみんなの前で発表したりする必要はありません。

段階④「自分のよさはなんだろう」

自分の考えや思いを素直に表現するためには、自分のよさに気づかなければなりません。自分に自信がもてない生徒は、どうしても「おどおどさん」や「いばりやさん」になってしまいます。いろいろな観点から自分のよいところをプリントに書き出してみます。よいところをたくさん見つけるためには、観点を多く設定してみることが効果的です。

よいところが見つけられたら、友だちに対して自分のよいところを表現します。このときには、グループで質問形式にしたり、スピーチ形式にしたりすることができます。

二年生の段階では、学校生活や家庭生活での具体的な場面を設定して、トレーニングをすることが中心となります。したがって、日常生活のちょっとした場面を、朝の会や学級活動で教師が取り上げて一般論としてアドバイスしていくことが求められます。「その言い方いいね。アサーティブだね」「今の言い方はひどいよ。もっとアサーティブに言ってごらん」などの言葉かけも生徒を援助するものとなります。

もっと積極的に――三年生の活動

三年生の段階では、身につけた人間関係能力を積極的に使って、良好な人間関係づくりをめざします。

段階①「友だちにほめ言葉のプレゼントをしよう」その1

友だちのよいところを積極的に見つけ、相手に対して表現することによって、良好な人間関係ができます。はじめに、二人組をつくって相手のよいところをプリントに記入します。できるだけ相手がうれしい気持ちになるように考えながらよいところを見つけます。わざとらしいことを書いても決して相手はうれしいと思わないことははじめに確認しておきます。

次に、順番に相手に対してほめ言葉をプレゼントしていきます。話し手は、できるだけ相手を見て、表情や声の調子にも気をつけ、ほめ言葉をプレゼントします。聞き手は、ほめ言葉を聞いてうれしいという気持ちを素直に表現します。にっこりほほえんだり、「ありがとう」「うれしい」などの言葉で返したり、自分の気持ちを素直に表すことが大切です。お互いに恥ずかしがらないで行うよう指示します。

このトレーニングを実施した授業はとてもよい雰囲気で行うことができます。授業の前と後で子どもたちの表情が大きく変わっていることに気づくでしょう。

段階②「友だちにほめ言葉のプレゼントをしよう」その2

段階①で実施したトレーニングをグループ単位で行います。二人組ではわりと自然に言うことのできたほめ言葉もグループのなかでは少し気後れします。より表現内容や表現方法に工夫が求められます。しかし、同時に二人組でほめられるよりもグループのなかでほめられるほうが受け手の喜びは倍増します。ここでも、喜びを素直に表現することが大切です。普段、乱暴な言葉遣いをしている友だちからほめ言葉をもらったり、日ごろ口にしたことのないような言葉を話したり、トレーニングならではの実践によってとてもいい気持ちになります。

また、これらの活動では、人によってはうまくほめ言葉をプレゼントできない場合も考えられます。大切なことは、言葉だけでなく雰囲気全体でほめ言葉をプレゼントすることです。言葉には表せなくても、一生懸命よいところを見つけよう、相手に伝えようという気持ちがあれば、相手もそれを理解してくれることになります。

授業を終えた生徒のふりかえりのなかにこんな言葉がありました。

この時間で一つ、自分のよいところを見つけることができた。そのよいところとは、「他人のよいところを見つけることができるところ」で、こうしてあらたまって相手のことを考えてみると、相手のよいところがどんどん頭に浮かんできて、気がついたら結構書いていいて自分でも驚いた。

段階③「自分にほめ言葉のプレゼントをしよう」

相手にほめ言葉をプレゼントするよりも自分にほめ言葉をプレゼントすることのほうが何倍も難しいトレーニングとなります。それは、自分のことは自分が一番よく知っており、ごまかしがきかないからです。自分のよいところを見つけるこのトレーニングを行うことによって自分に自信をもつことができます。

はじめに自分のよいところを見つけプリントに記入します。次に少人数のグループを編成し、グループのなかで自分で自分にほめ言葉をプレゼントします。まわりの生徒は、それに対し、素直に「すごいね」「そうなんだ」などの感想を表現します。これも、恥ずかしがらないで自分を表現することが大切であり、まわりの生徒も、相手のよいところを見つけようという気持ちをもってのぞむことが大切です。三年生では、これらのトレーニングによってお互いに相手のよさに目を向ける集団づくりができます。

段階④「進路アサーション」

三年生の三学期に実施します。中学校卒業後は、それぞれの進路に向かってはばたいていくわけですが、自分の進路に夢と希望をもって進んでいくことができるようにします。

進路先の学校や職場での生活、さらには、その先の将来の生活に対する夢や希望を学校での学習や部活動に対する抱負から恋愛観や結婚観にいたるまで、それぞれプリントに記入します。小グループを編成し、自分の夢や希望を表現し、それに対し、グループの仲間たちから、相手がさらに自分に自信を深め、将来への夢や希望をもてるように励ましの言葉を返します。

この活動を通じて、より自分のよさに気づき、それを伸ばしていこうという意欲をもって上級学校への進学や就職にのぞめるようにしています。

ふれあい週間とアサーション・トレーニング

本校では、年間計画のなかでのアサーション・トレーニングの実践とともに、二学期に総合的な学習の一環として実施する「ふれあい週間」のなかで、アサーションの考え方を取り入れています。「ふれあい週間」では、人権講演会や映画会の開催、地域の方を講師としてふれあい講座の開催、一年間の学びの発表としての展示発表、ステージ発表、歌声発表会などを一週間を通して実施しています。「ふれあい週間」のねらいは、人権について学んだり、地域の人や友だちとふれあう場を設定するなかで、お互いを尊重し合える人間関係づくりをめざしています。この一週間のなかでは、常に「自分のよさ」に気づくとともに「相手のよさ」にも目を向けることのできるよう意識して活動していきます。一週間の活動を通して、アサーションを実践的にトレーニングしていきます。

毎日の活動の終わりには、ふりかえりの時間を設定し、「ふれあいノート」に記入していきます。一つひとつの活動のなかでどんな「自分のよさ」「相手のよさ」に気づいたか、それぞれの活動ごとに記録していきます。一週間の活動を終えたとき、「ふれあいノート」にはそれぞれのよさがたくさん記録され、それは、その後の良好な人間関係づくりにつながります。また、一週間の終わりにはエゴグラムチェックを行い、自己の成長を数値的につかめるよう配慮しています。

ふりかえり

中学校においてのトレーニングでは、毎回の「ふりかえり」の活動がとても重要となります。

授業の最後には必ずふりかえりの時間を十分に設定して、各自のふりかえりを行います。また、必要に応じて、学級全体のなかでお互いのふりかえりを確認し合うこともあります。その日のトレーニングによって考え方・見方がどのように変わったのかを記録しておくことは、次のトレーニングに役立つとともに、自分自身のよさを再確認することともなります。

トレーニングの時間だけでなく、学校生活のいろいろな活動のなかでも、このふりかえりが効果を発揮します。アサーション・トレーニングは、特設された時間だけではなく、チャンスはどこにでもあります。特設時間では、現実の生活とできるだけ離れて、訓練として今までの自分を変えることを中心に行います。日々の活動のなかでは、実際の生活のなかでアサーションを生かして、良好な人間関係をつくる実践的なトレーニングの場となります。

中学生という発達段階は最も多感な時代です。だからこそこの時代はアサーション・トレーニングによってアサーティブな自己表現が身につき、問題を解決する力がつきやすいときでもあります。中学生の段階でアサーティブな自己表現の力をつけておくことは、生徒の今後の生活に大きなプラスとなります。

（尾上友宏・材木　定）

4 中学校におけるアサーション・トレーニング②
「選択」授業での実践例

はじめに

「口に出して言えないから、手紙を書きます。この一年間、本当に迷惑ばかりかけて、どうもすみませんでした。本当に私一人のために、いろいろ世話をやかせたと思います。でも、私のことをかまってくれるのは、学校の先生くらいしかいませんでした。だから、私のためにいろいろしてくれる先生を見ていると、反抗してたけど、結構うれしかったです。でも、もう卒業です。これからは、こんなこともしてられません。（中略）最後になって、あやまってもしょうがないけど……。でも、最後まで本当に困った生徒ですみませんでした。」

これは、以前担任していたある生徒から、卒業式の後にもらった手紙です。教員を続けていく間には、「しんどい」ときもあります。私は、そんなとき、このときのことを思い出し、日々の子どもたちと接していこうと自分に言い聞かせます。そして、子どもたちは、時に、すごく励ましてくれるものだ、とも思います。手紙をくれたこの生徒には、よく、「私なんかどうなってもええねん。もう、ほっといて」と言われました。今思えば、この生徒の大人への怒り、怒りの仮面をかぶった、どうしようもない悲しさ、さみしさをもっと受けとめることができればよかったのだろうと思います。「子どもたちの気持ちを受けとめることができ、そしてなるべく傷つけることが少ない方法はないものか」と思っていました。そして、平木典子先生のアサーション・トレーニングに出会いました。

アサーションとは、「自他を大切にした、率直で素直な自己表現」のことです。そして、その具体的な方法を提示しています。「もし、このような自己表現ができるのなら、教師も生徒も、人間関係が円滑になり、学校生活が少しでも楽になるのではないか」と考えました。アサーション・トレーニングは、「お互いの違いを認める」ことをあげ、そして、一人ひとりの違いを認めることが、「個性の尊重」につながっていきます。そして、違いをお互いに理解し合うためには、「まず、とにかく、言ってみること」が大切です。お互いの思いや考えを述べ合って、そして、話し合いを続けていき、自分の意見を出したり引っ込めたりしながら、お互いの意見の妥協点を見出していこう」として、人間関係を学んでいくものです。アサーション・トレーニングはそのような技術も提供するものです。

今、学校現場で望まれているのは、「嫌われるのがいやで、自分の意見が言えない、どう言ったらうまく相手に伝わるのか」などの具体的な方法を示していくことです。そして、それらのスキルを知った上で、生徒が自分で選択することを支援していくことだと思います。たとえば、「思いやりの心を育てよう」とよく聞きますが、では「具体的にどうやれば、思いやりの心が育つのか」「なかよくする、といっても、どうすればいいのか」というような体系的、理論的な方法を具体的に一般化された方法として提示することが学校現場においては乏しかったのではないでしょうか。道徳の時間や学級活動の時間においても話し合い活動の重要さはいつも指摘されます。しかし、話し合いをするための具体的で体系的な技術、方法が示されることは少ないのです。石隈利紀著『学校心理学』でも「いじめや非行の問題の深刻化は子どもへの援助が十分でないことを示している」と述べられています。そして、これからの学校教育には心理教育的なサービスの導入の重要性を訴えています。

さらに、中学生だけでなく、教員の悩みも「人間関係の問題」が大きなウエイトを占めています。教員同士も、「考え方が合わないから」「価値観が違うから」などと、自分と違う人は遠ざけて同じ者だけでつきあうことではなく、相手とわかり合う努力は続けつつも、それぞれが違ったまま、衝突があっても、関係を保っていくことも大切ではないでしょうか。

このように、教員も生徒も、あるいは、現代の日本人の多くは、「違う」ということを恐れています。相手と、「どう一体化するか」、それができなければ、近づくことをあきらめて、「孤立化」してしまうことが多いのではないでしょうか。今、学校現場で必要なのは、違いを認めた上で、いかに人間関係を保っていくかということではないでしょうか。だから、人間関係を実現する具体的な技術を伝え、支援していくことが、重要だと考えます。

さて、私の勤務校でも「友だち関係で悩んでいる生徒」「以前に悩んだことがある生徒」、また、「自己表現が苦手な生徒」など、人間関係に葛藤を抱えている生徒がいました。そこで、アサーション・トレーニングを導入して、これらの生徒たちへの心理的支援ができればと思い、選択授業の一講座（中学二年生で実施）として、実践を行いました。また、人間関係においてそれほどの葛藤がない生徒へも、開発・予防的カウンセリング教育として、アサーション・トレーニングの精神の「スキルを使う、使わないは、その人（生徒）の選択に任せる」というスタンスでのぞめばいいと考え、とにかく円滑な人間関係支援の一つのモデルとしても、アサーション・トレーニングを伝えていければよいと考えました。

正しいアサーション・トレーニングをこれからの中学校に導入したいと考え、日精研心理臨床センターでの、アサーション・トレーニング・トレーナー養成コースでトレーニングを受けつつ、「心理、社会面での援助サービス」に焦点を当て、一年を通した、中学生用プログラムを作成し、実践を進めていきました。

方法

①対象および人数……中学二年生（男子二五名　女子一一名）
②期間……二〇〇〇年五月～二〇〇一年一月
③回数……一六回
④一回の時間……五〇分
⑤選択授業において……
原則として毎週金曜日の六時間目
⑥プログラムの概要……
下図参照

プログラム作成での全体的な留意点

アサーション・トレーニング
理論には5つの領域（3つのタ

「選択」授業におけるアサーション・トレーニング・プログラム

＃1	自己紹介　アサーションの概要説明
＃2	アサーションとは
＃3	3つのタイプの自己表現とその違い
＃4	具体的なアサーション（私メッセージ）
＃5	自分の傾向を知ろう！
＃6	自己信頼とアサーション
＃7	1学期の感想など
＃8	アサーションと考え方
＃9	感情はコントロールできる
＃10	アサーティブな考え方
＃11	断る1
＃12	断る2
＃13	頼み方のコツ
＃14	トラブル解決のコツ1
＃15	トラブル解決のコツ2
＃16	感想・まとめ
	＊授業ではアサーション・グループワークと呼んで実施しました。

イプの自己表現、アサーション権と自己信頼、考え方のアサーション、アサーティブな表現、言葉以外のアサーション）があります。アサーションの基本的な精神とスキルを伝えることを中心としました。それで、3つのタイプの自己表現、アサーション権やアサーティブな表現、論理療法理論を選びました。まず、アサーション理論の基本である3つのタイプの自己表現の理解、そして、アサーション権と自己信頼では、アサーション権の理解を深めることをめざしました。ここではとくに、「アサーションしない権利」を生徒たちに理解してほしかったのです。それは、アサーションする、しないは、自分の選択にあるという重要な権利だからです。さらにそれを知った上で、アサーティブな表現を妨げている考え方について知るための論理療法の理解、そして、具体的なスキルの紹介をしていこうと考えました。

また、自他を尊重した自己表現支援のための具体的なスキルもできるだけ伝えたいと思い、「頼むコツ・断るコツ」の理論と実習、問題解決の手順のスキルを紹介しました。ただ、今回の実践ではDESCを伝える代わりに、「私メッセージ」の方法を伝えたにとどめました。その理由は、DESCは中学生にはD（相手と共通認識できる事実）とE（自分の気持ちや状況）との区別が難しいと思われ、もし導入するならば時間が足りないと思ったからです。「私メッセージ」ならば、比較的容易に言い方を覚えやすいと思ったからです。

また、今回の実践においては個人の問題を扱うロールプレイは導入しませんでした（教師である私が実施したり、「頼む・断る」などをペアで実施したことはありましたが)。その理由は、成人を対象とした、アサーション・トレーニングでの実習でも、ロールプレイを行うときにはトレーナー一人に対して、グループのメンバーは七人程度で実施します。私一人では、メンバー相互の共感的受容の場を保障することが無理と判断したからです。ロールプレイを行った結果、外傷体験となることを避けたかったからでもあります。

以上、今回の実践では、アサーションの基本的な精神とスキルを伝えることと、「アサーションの楽しさ」を体験してもらうこともめざしました。

また、プログラム作成時においてすべてに共通していることは、事例を示す際には、中学生の生活場面で起こりそうな出来事を取り上げるように心がけました。授業実施ごとにワークシートを作成し、毎回、ふりかえり用紙を用意し、生徒の授業に対する反応を調べ、以後の授業の参考としました。

実施にあたって

体育館での選択授業科目の紹介の際に、「アサーションって何?」と思っていた生徒たちでしたが、人間関係で困ること、つまり、「けんかになりそうなときや、けんかをしたときなどの仲直り方法や、友だち関係などで悩んだときの手助けになるかもしれないよ」、あるいは

「好きな子にプロポーズするときにも役立つかも?」などと話し、自分で知っていても、使う、使わないは自分が決めることだと説明し、アサーションを押しつけるものでないことを強調しました。どれくらいの生徒が興味をもってくれるものかと、少し不安もありましたが、三六名の生徒が集まってくれました。

【事例1】「3つのタイプの自己表現」について

ワークシート1、2、3と教師と生徒のロールプレイを交えながら、受身的な自己表現、攻撃的な自己表現、それからアサーティブな自己表現の理解を図りました。生徒たちは、Aさん、Bさん、Cさんの話し方の特徴を書き、三人の自己表現について、それぞれ感想を書いていきました。そして、次に、Aさん、Bさん、Cさんにあてはまる言葉を語群から選び、記入しました。その後、全体で発表し、理解を深めました。

(1) ふりかえりシートより

・相手に自分の気持ちを伝えるために、どんな言い方をすればいいのかがよくわかった。
・自分の気持ちだけではなく、相手の気持ちも尊重しなければいけないこともわかった。
・「いやな時」は、はっきりと「いや」と言ったほうがいいことがよくわかった。

ワークシート 1
《3つのタイプの自己表現を体験しよう！》

《実習用シナリオ》

場面 1

冷水機に並んでいました。すると，男の子が割り込んできました。
その場合，一般的に，以下の3つの表現方法が考えられます。

Aさんの対応

Aくん：「こら，おれが先に並んどるんじゃ。順番ぬかしするな！」
相手役：「そんなに，えらそうに言わなくてもいいじゃないか！　後ろに並ぶよ！」

Bさんの対応

Bくん：「ちょっと，君，僕のほうが先に並んでいたんだよ。みんなが並んでいるのに気づかなかったかもしれないけれど，後ろにいって並んでね」
相手役：「あっ，本当に，気づかなかった。ごめん，並ぶよ」

Cさんの対応

Cさん：「(小さい声で) あっ……」
(心の中で……僕のほうが先だけれど……と思い，内心不満をもっている)
相手役：「何か？」
Cさん：「いいえ，何もありません」
相手役：「あっ，そう」(といって，先に並ばれてしまう)

【語群】
ひかえめでおとなしい
はっきりとしない
いじけている
相手の気持ちを大切にする

いじわる
いばっている
わがまま
自分の気持ちを大切にする

自分も相手も大切にする
はきはきとしている
さわやか

ワークシート２

1．受身的表現（もじもじさん）から攻撃的表現（らんぼうさん）への例

中学２年生の啓太は，１年生の時から，いつもまじめに教室の掃除当番をしていました。それは，先生もクラスメイトの誰もが認めていました。

ところが，５月になってから，新しく班が変わると，他の新しい班員は掃除をあまり協力的にしてくれませんでした。

さすがの啓太も，だんだん不満がたまってきました。それでも「そのうち，みんなも協力してくれるかもしれない」と思い黙って黙々と掃除をしていました。

ある日啓太が掃除をしていると，ほうきで遊ぶだけで，ろくに掃除をしていなかった同じ班の益男が啓太の目の前にゴミ箱を，ドスンと置き，「啓太，これも，持っていってくれな」と言いました。啓太は，それを聞いて，「今まで自分は一生懸命やったのに」と思い，遊んでいた益男に，さらにゴミ捨てまでしてくるように言われて，頭にきてしまいました。そして，とうとう，「いいかげんにしろ！　ゴミぐらい，お前が持っていけ！」と怒鳴ってしまいました。今まで，温厚でおとなしいと思っていた啓太に怒鳴られて，益男は，驚いて，「何だよ，えらそうに，お前，いつも黙ってしたじゃないかよ！」と益男も怒鳴り返しました。まわりのみんなもびっくりして「啓太，キレたら，怖いなあ」，「あいつ，おとなしそうで本当は怖い奴かもな」とうわさが広まりました。怒鳴ってしまった啓太は家に帰って後悔し，その夜，眠れませんでした。

さて，啓太は，いったいどういう言い方をしたらよかったのでしょうか？

（以下，略）

ワークシート 3 《3 つのタイプの自己表現について》

Aさん，Bさん，Cさんの以下の場面は，もじもじさん（受身的な自己表現），らんぼうさん（攻撃的な自己表現），さわやかさん（アサーティブな自己表現）のうちのどれにあたるでしょうか？　それぞれどれにあたるか，○で囲んでください。

場面 1

あなたは自分の家で友だちと遊ぶ約束をしていました。お菓子と飲み物を用意して待っていました。ところが，約束の時間を過ぎ 1 時間遅れで友人はやってきました。あなたは，たいへん，いらいらしていたとします。

友　人：「ごめんね。車が渋滞していて，遅れたの」
Aさん：「おそいわねえ，もう！　お菓子がくさっちゃうじゃないよ！　2 度とあなたと遊ぶ約束はしないわ」

（もじもじさん　　らんぼうさん　　さわやかさん）

友　人：「遅れてごめんね。車が渋滞していて……」
Bさん：「（相手が 1 時間遅れてきたことには，何もふれず）いいよ，いいよ。さあ，お菓子食べようね」

（もじもじさん　　らんぼうさん　　さわやかさん）

友　人：「遅れて，ごめんね。車が渋滞していて……」
Cさん：「そうだったの。でも，1 時間も遅れていたので，実はいらいらしていたの。渋滞しているから，遅れそうという連絡を，携帯で入れてくれたら，よかったのに」

（もじもじさん　　らんぼうさん　　さわやかさん）

・楽しく、時間が短く感じた。
・今日の授業で、考えているうちに考え方が変わってきた。これから、今日のことを生かそうと思う。
・いろいろな話し方があるのがよくわかった。
・自分がされていやな言動を、相手にもとらないようにしようと思う。
・相手の話を聴くことも大切なんだと思った。
・人の話を聴くときは、相手の立場になって聴こうと思う。
・さわやかさんは、自分の気持ちをはっきりと言っていることがわかった。

(2) 生徒の反応

・3つのタイプの自己表現を学習して
① たいへんよかった………四人
② よかった………………二七人
③ ふつう…………………二人
・今日の授業は
① たいへん楽しかった………五人

② 楽しかった……………………二六人
③ あまり楽しくなかった……二人

(3) 考察

生徒たちの反応は、体験を交えた取り組みなどに対して、前述したように、おおむね好評でした。３つのタイプの自己表現の言い回しを全員が体験し、攻撃的な言い方をされたら、腹が立ったり、相手の意見に対して、素直に受け入れられない感情が起きることを体験しました。また、受身的な自己表現では、相手には自分の気持ちや意見が理解されにくいことも体験しました。攻撃的でも受身的でもない、その中間にある、アサーティブな自己表現が相手に最も自分の気持ちが伝わる可能性があるのだということと、また、相手を尊重した自己表現であることは伝えられたと思っています。

ただ、「あまり楽しくない」と答えた生徒（女生徒）がいました。その理由は、自分たちでロールプレイを行うことに対しては、「恥ずかしい」という抵抗がある場合と、アサーション・グループワークに参加した当初は、仲良しであったのに、途中からその友人とトラブルを起こしていた場合がありました。「恥ずかしい」という生徒たちには、「じゃあ、ロールプレイをやっている人の観察をしていて」と言いました。また、後者の生徒には、ロールプレイでいっしょにならないように配慮をしました。仲良し小集団で固まりがちな傾向がある中学生に対して、アサーションを実施することの課題の一つと考えています。アサーションの「個性や考え方の違う人とどうつきあっていくのか」という課題に対して、対人関係などのスキルをはじめとして、一定の方向性を示してくれるものです。「あまり仲良くない人とこそ、話してみよう。それができれば、自分も楽になるよ」と訴えていくことが重要だと考えています。

【事例2】「頼む・断る」

アサーション・トレーニングのよさは、「体験することによる、楽しさ」にあります。体験しながらスキルを身につけていく、アサーション・トレーニングの、「頼む・断る」を実施しました。生徒たちは、「断るのは友だちに対して、いいことではない」と思っていたり、また、「人にあまり頼まず、自分でなんでもできたほうがいい」と考えている場合が多いようです。本当は断りたい誘いや、頼みごとも無理をして引き受けてしまったり、人に頼まず、なんでも自分で抱え込んでしまうことも起こります。そこで、気軽に頼んだり、断ったりしても、自分が思っているほど、案外相手は気にしないことが多いことをロールプレイで体験し、よりよい頼み方、断り方の具体的なスキルの獲得をめざしました。ワークシート4などを使い実施しました（「頼む・断る」の進め方は資料1を参照）。

ワークシート４　《頼む・断る》

★断るときのコツ

・自分の気持ちを言って，はっきりと断る（自分はしたくない，行きたくない）。

・気持ちで断る（「いやだ」，「好きじゃない」，「関心がない」ということは，相手にとっては，どうしようもないことなので引き下がるしかない）。

・ただ，やみくもに，「いやだ」，「いやだ」と断っていると，何か，切ってしまった感じになり，お互いに気まずくなる。

・理由で断る場合は，相手が納得してくれる理由で断る。
（理由で断っていると，相手もいろいろと条件を変えてくる場合もある。）

・相手によっては，単に理由をいろいろ言われるよりも，はっきりと気持ちで断ってくれたほうがいい人もいる。

・うその理由を言っていると，あれこれ言わなければならなくなって，誘うのに熱心な相手からは，「時間がない」，「場所がない」などという理由を言っていると，次々とつぶされていく可能性があり，最後には相手に「私と行きたくないんだな」と伝わり，結局，お互いが気まずくなる。

・相手との関係を断ってもよいときの断り方
→理由を言わず，同じ調子で，同じ言葉を繰り返して（２，３回）言うと効果的である。（ブロークン・レコード）→しつこく誘う人やセールスを断るときに有効。

★頼むときのコツ

とにかく熱心に正直に誠意をもって頼むと相手に伝わる可能性が高まる。頼む側に熱意があり，理由で断っている場合は，頼める可能性がある。

★まとめ

気持ちよく頼んだり，気持ちよく断ったり，やりとりのなかで，そんなふうにできる可能性があるから，少し意識して，気軽に頼んだり，断ったりしてもいいんだ，という体験をしていきましょう。

(1) **ふりかえりシートより**

・断るときは、理由だけでなく、気持ちを言うことが大切だとわかった。
・実際的なので、使ってみようと思った。
・頼んだり断ったりすることもアサーションだとは知らなかったので、ためになった。
・セールスマンを断るときにも使えると思った。
・理由だけでは、断れなかった。
・頼み方が上手だと、相手はなかなか断れないと思った。
・よくわかった。断るときは、やさしく言えば、相手も傷つくことが少ないし、そのときは頼むほうもあきらめたらいいと思った。
・はっきりと自分の意思を伝えて断ることが大切だと思った。
・自分のいやなときの断り方がよくわかってよかった。
・めっちゃ、楽しかった。今度から、この断り方を使っていこうと思う。
・断り方もちゃんと考えて言ったほうがいいと思った。
・ふだん、何気なく断っているけど、今日の授業で、断り方にも方法があることがわかり、役に立った。
・断るときにも、相手をあまり傷つけない仕方がわかって、とてもよかった。

資料１　「頼む・断る」の進め方の概略

場面	★教師の指示　　☆子どもの反応・行動
導入	★今日は，相手に頼んだり，断ったりすることを体験して，どういう頼み方や断り方をすれば，相手に頼めたり，断ったりするのかを考えてみましょう。
エクササイズ	★まず，三人のペアをつくってください。つくれたらＡさん，Ｂさん，Ｃさんを決めてください。Ａさん，手を挙げてください。Ｂさん，手を挙げてください。Ｃさん，手を挙げてください。 ★Ａさんは，Ｂさんに何か簡単なことで，頼むことを考えてください。（例：デートに誘う） ★Ｂさんは，３分間とにかく断ってみてください。どうしてもだめなら引き受けてもいいですが，できるだけ，がんばって断ってください。 Ｃさんは，二人の様子を観察していてください。思ったこと，感じたこと，気づいたことは，メモしてください。 ★はい，ではスタート！ ☆生徒たちは頼んだり，断ったりする。 ★（３分経過後）はい，やめて，ではうまく断れたＢさんはどれくらいいますか。 ☆断れた生徒が手を挙げる。
シェアリング	★断れなかったところは手を挙げてください。 ☆断れなかった生徒が手を挙げる。 ★では，三人で，今のＡさん，Ｂさんのやりとりについて，断れたポイント，あるいは断れなかったポイントについて，気づいたことや感じたことを出し合ってください。 ☆生徒たちは，各ペアで話し合い。
エクササイズ	★では，各グループで，断れた理由や，断れなかった理由などを各グループのＣさんが発表していってください。 ☆各グループ，Ｃさんが発表する。 ★断るポイント・頼むポイントをまとめる。 以下，交代で全員体験していく。その際に，２回目（Ａさんが断るとき）は気持ちを言わず理由だけで断ってみる。３回目（Ｃさんが断るとき）は，理由を言っても気持ちを言ってもよく，お互いに気持ちよく断ったり，引き受けたりできるようにする。

・断るときに言い方によって、相手の気持ちも変わるんだなと思った。
・いつもは、なかなか断れなかったりするので、これからは大いに生かそうと思う。

(2) 生徒の反応

・今日の授業は

① たいへん楽しかった……………一六人
② 楽しかった………………………一五人
③ あまり楽しくなかった…………二人

・相手の気持ちをうまく伝えるために今日の学習を

① 大いに生かそうと思う…………一五人
② 生かそうと思う…………………一八人

(3) 考 察

体験を取り入れた、「頼む・断る」は、具体的な断り方や頼み方が体験でき、また、自分たちが実際に活動していくので、積極的に参加できた生徒たちは、楽しく、かつ役に立つ「頼み方」や「断り方」のコツがつかめたようです。感想にも多くあるように、大いに参考になったようでした。今後、中学生へアサーション・トレーニングを紹介していく際にも、傷つき体験を防ぐように配慮しつつも、なるべく体験を重視したロールプレイなども、できるだけ取り入れていくことが楽しくスキルを学んでいくために必要だと思いました。

おわりに

選択授業において、一年間を通じて対人関係支援のためにアサーション・トレーニングを実施しましたが、「楽しく学べてよかった」と感想に書いている生徒が多くいました。当初の目的である、「アサーションの楽しさ」を体験してもらう目的は達成できたと思っています。このように、一年間を通して、アサーションを実施できた環境があったことは、たいへん恵まれていたと思います。

今後の課題として、①体験を重視し、ロールプレイや話し合い活動などの実習をもっと取り入れること、②男女混合のグループでの話し合い活動や実習体験を円滑に行うための工夫、③グループをどう組むか、④アサーション権、認知、DESC法の内容を、中学生の発達段階にあったプログラムにどのように取り入れていくのか、ということがあげられます。

生徒のなかには、断ることはよくないという思い込みが強い者も多くいました。そして、「友だちの頼みを断ることはすごく悪い」「なるべく友だちの頼みを聞くことが、仲良くしていくために必要だ」と思って、その結果、「いつもどこへ行くにも一緒」に行き、自分よりも友だちを優先した結果、学校生活に疲れていました。そんな生徒たちが、「頼む・断る」をアサーション・グループワークで実施した後、「自分が断りたいときは、断っても、相手は自分が今まで思っていたほどいやな感じをもたないことも多いことがわかった」という感想を書いてくれました。また、自分の考えや意見を言うときに、攻撃的な表現が目立ち、まわりの生徒から嫌われて、浮いてしまっている生徒（しかし、友だちを求めている）が、

「今まで、自分の言い方が、きついことが多いのがわかった。3つのタイプの自己表現でならった、アサーティブな言い方が、相手にはもちろん、自分が相手から言われたときも、素直になりやすいということがよくわかった」

と、自分をよく見つめた感想を書いていました。最後に、ある生徒が、

「最初は、アサーションって、いい子になるためのもの、と思っていたが、自分が楽になる、自分らしく生きていくためのものとわかった」

と感想を書いていました。

ささやかな実践ですが、少しでも、アサーションの精神が生徒たちに伝わったことがうれしかったです。さらにまた、アサーションと出会い、私自身も楽になることが多い昨今です。子どもを変えようとするのではなく、「教師が変われば子どもも変わる」という言葉があるよう

に、これからも、さらにアサーションの研修をつみ、アサーションを伝える側の押しつけとならないように意識しながら、生徒の人間関係支援のために、中学生にふさわしいアサーション・トレーニングを追究していきたいと思っています。

（黒木幸敏）

あとがき

現代は、「心の時代」「コミュニケーションの時代」とよく言われます。日本でも十年ほど前にバブル経済がはじけ、人よりもたくさんのものを少しでも早く手にしようと、しゃにむに追い求めていた時代は終わり、代わりに人々が、人と人とのつながりや精神的なよりどころを探し求めるように変化してきたと言われています。確かに、まわりをちょっと見わたしても、携帯電話は花盛り。これほど携帯電話が隆盛をきわめているのも、単なる便利さゆえというより、人々の心の奥底にある、誰かとつながっていたい、簡単にコミュニケーションを交わしたいという願望のなせるわざなのかもしれません。

「自分の気持ちや考え、意見などを（相手に伝えたい場合は）、率直に正直に、その場にあった適切な方法で述べる自己表現」、「自分も相手も大切にしたコミュニケーション」であるアサーション。今後ますますこのアサーションがいろいろなところで求められ、アサーションを学ぼうとする人も増えていくであろうこと、これは「心の時代」や「コミュニケーションの時代」における、ひとつの必然と思われます。とはいえ、実際にアサーションを行動に移していくことが難しい場合がどれだけ多いことか、個人と個人の関係でも、また、国と国との関係でも、アサーションの「言うはやすく、行うはかたし」を、私たちは痛感させられてもいます。

それだけにアサーションを今、人が身につけていくとき、あるいは人に伝えていこうとするとき、アサーションは促成栽培で身につくものではないこと、各人なりのペースとニーズに応じて、アサーションの練習を積み重ねていけばよいことをおさえておく必要があります。また、アサーションが相手を自分の思う通りに動かすための方便ではないこと、人間関係を思うままに操縦するためのテクニックではないこと、この認識も重要です。

私はここに、とくに教師がアサーションを身につけたり、また、子どもたちにアサーションを伝えていったりする、大きな意味があるのではないかと感じています。簡単に言うと、学校とは、アサーションの学習に適した場だと思うのです。

なぜならひとつに、学校での教育が、家庭での教育と同様に、日常的かつ継続的な営みだということがあります。子どもたちに向け発信したものが、当の子どもたちにどう受け取られるか拒否されるか、時間をかけ浸透していくか打ち捨てられていくか、子ども同士のかかわり合いにどんなふうに活かされてきているかなどなど。これらについて教師は長期的に、また実際に子どもたちとコミュニケーションしながら目の当たりにすることができます。

二つ目に学校とは、いろいろな大人・いろいろな子どもが日々、かなりの時間と空間を共有する場であり、本来、多様な人間関係の器であると言えるでしょう。学校ではアサーションの練習材料にも事欠かないはず。教師にとっても子どもにとっても、アサーションを試行錯誤で練習していける実践の場、こんな視点から学校をとらえ直したく思います。

三つ目に、教師がアサーションを身につけ、子どもたちにとっての生きたモデルになれば、おのずとアサーションが子どもたちにも浸透しやすくなるということがあげられます。教師が子どもと、あるいは教師同士でどんなコミュニケーションをするかなど、子どもは総じてよく見ているものです。無論、これは教師が完璧なモデルであれ、などと言いたいのではありません。教師が子どもの生きたモデルになるとは、ともにアサーションを練習し合い、でも少し先を行き、適切な助言やヒントもくれる存在になる――こういう意味です。

ところで、自分の言いたいことを言え、まわりに聴いてもらえ、また、まわりの言うことも自分が聴けるという実感をもてるなら、私たちはその場を「居場所」と思えるものです。日々の生活のなかで長時間、身を置いている場を「居場所」と思えるか否かは、個人の幸福感や自信に大きく作用しますし、それは子どもも大人も同じでしょう。学校や教室が子どもにとって、同時に、大人である教師にとっても、少しでも「居場所」に思えるようにと強く願うものですが、それに向けて、アサーションの果たせることは大きいはずです。これが、学校をアサーションの学習に適した場だと言った四つ目の理由となります。

子どもの不登校やいじめ、友だち関係の希薄化といった問題、また教師の心身不調や燃え尽き症候群といった問題に対して、現状ではこれといった万能薬がありません。そういった状況下、学校や教室をその場に居る人間にとって「居場所」にしていけるよう、そこにアサーションを導入していくという試みは、あまりに素朴でささやかかもしれません。けれども、アサーションの種をまき、アサーションし合える土壌を育てていけたなら、それは、未来を託す子どもたちへの大きなプレゼントとなるはず。大勢の子どもたちが集まる場において、その種を日常的に長期的にまいていくとしたら、やはり、その最適な場は学校であり、そして「種まきゴンベ」の最たる適任者は教師だ、と言えるのではないでしょうか。

本書が、教師をはじめ子どものコミュニケーションの支援や教育に携わる多くの方々にとって、アサーションへの関心や理解を促すものになればと願います。

末筆になりますが、日頃、独自にアサーション・トレーニングを実行し、多忙ななか本書に寄稿してくださった教師の方々に、また、私たち編者を支え続けてくださった金子書房編集部、渡部淳子さんに心よりお礼を申し上げます。

二〇〇二年七月

園田雅代

アサーション関連参考資料

図　書

アムネスティ・インターナショナル日本支部（編）『わたしの訳　世界人権宣言』明石書店　一九九三

新井　肇『「教師」崩壊——バーンアウト症候群克服のために』すずさわ書店　一九九九

有元秀文（編）『「コミュニケーション学習プログラム研究」成果報告書』国立教育政策研究所　二〇〇一

フェルプス、S&オースティン、N／園田雅代・中釜洋子（訳）『アサーティブ・ウーマン』誠信書房　一九九五

藤田英典『子ども・学校・社会』東京大学出版会　一九九一

ゴードン、T／奥沢良雄・市川千秋・近藤千恵（訳）『T. E. T. 教師学：効果的な教師=生徒関係の確立』小学館　一九八五

平成十二年度埼玉大学公開講座『「教師のためのアサーション・トレーニング入門」体験報告集』埼玉大学教育学部　二〇〇一

平木典子『アサーション・トレーニング――さわやかな〈自己表現〉のために』日本・精神技術研究所（発行）・金子書房（発売）　一九九三
平木典子『いまの自分をほめてみよう』大和出版　一九九六
平木典子『自己カウンセリングとアサーションのすすめ』金子書房　二〇〇〇
平木典子他『心を癒す「ほめ言葉」の本』大和出版　一九九八
保坂　亨『学校を欠席する子どもたち――長期欠席・不登校から学校教育を考える』東京大学出版会　二〇〇〇
石隈利紀『学校心理学――教師・スクールカウンセラー・保護者のチームによる心理教育的援助サービス』誠信書房　一九九九
亀口憲治（編）『学校心理臨床と家族支援』現代のエスプリ四〇七号　至文堂　二〇〇一
亀口憲治『学校カウンセリングにおける総合的心理教育プログラムの開発と評価』平成十二～十三年度科学研究費補助金研究成果報告書　二〇〇二
河村茂雄『教師としての自分を問い直すために』諸富祥彦・教師を支える会（編）『教師がつらくなった時に読む本』学陽書房　二〇〇〇
國分康孝（監修）『エンカウンターで学級が変わる　小学校編』図書文化　一九九六
國分康孝（監修）『エンカウンターで学級が変わる　中学校編』図書文化　一九九六
國分康孝（監修）／小林正幸・相川　充（編）『ソーシャルスキル教育で子どもが変わる　小学校――楽しく身につく学級生活の基礎・基本』図書文化　一九九九
松本卓三（編）『教師のためのコミュニケーションの心理学』ナカニシヤ出版　一九九六

中釜洋子「気持ちを伝えられない子どもたち――自己開示をためらわすもの」『上手な気持ちの伝え方』（児童心理二月号臨時増刊）金子書房　一九九八

中釜洋子「アサーション・グループワーク――自分も相手も大切にするやりとり」『友だちをつくれない子　つくれる子』（児童心理二月号臨時増刊）金子書房　二〇〇〇

中釜洋子「開発的カウンセリング――学級経営に生かすカウンセリング的手法」一丸藤太郎・菅野信夫（編）『学校教育相談』ミネルヴァ書房　二〇〇二

パルマー、P／eqPress（訳）『自分を好きになる本』径書房　一九九一

パルマー、P／eqPress（訳）『ネズミと怪獣とわたし』原生林　一九九四

佐藤　学「教師たちの燃え尽き現象」『ひと』二六二号　太郎次郎社　一九九四

沢崎俊之・中釜洋子・齋藤憲司・髙田　治（編）『学校臨床そして生きる場への援助』日本評論社　二〇〇二

園田雅代「アサーティブな自己表現を身につける」『上手な気持ちの伝え方』（児童心理二月号臨時増刊）金子書房　一九九八

園田雅代「アサーション・トレーニング：〈自分も相手も大切にする自己表現〉を体験学習する」『三歳から十五歳までの発達としつけ方ハンドブック』（児童心理四月号臨時増刊）金子書房　二〇〇二

園田雅代・中釜洋子『子どものためのアサーション（自己表現）グループワーク――自分も相手も大切にする学級づくり』日本・精神技術研究所（発行）・金子書房（発売）　二〇〇〇

園田雅代・中釜洋子・豊田英昭『「コミュニケーション学習」の実践とその効果――アサーションを中心にした小学校（三年）での一年間の実践より』ベネッセ教育研究所所報二六号　二〇〇一

ストーン、R／小島希里（訳）『自分をまもる本：いじめ、もうがまんしない』晶文社　一九九五
高橋あつ子「自分に気づく力を高め、さまざまなありかたを交流しあう教室」近藤邦夫・岡村達也・保坂　亨（編）『子どもの成長　教師の成長――学校臨床の展開』東京大学出版会　二〇〇〇
田尾雅夫・久保真人『バーンアウトの理論と実際――心理学的アプローチ』誠信書房　一九九六
東京都総務局人権部『みんなの人権』二〇〇〇
吉賀恵里香「コミュニケーション・スキルの習得を目指した活動づくり」『教育けんきゅう』二一八号　広島県立教育センター　二〇〇一

ビデオテープ

平木典子（監修・指導）
第一巻『アサーション・トレーニングの理論とその背景』チーム医療　一九九六
第二巻『アサーション・トレーニングを学ぶ』チーム医療　一九九六
平木典子・田中早苗（監修）『セクハラがなくなる話し方・接し方』日本経済新聞社　一九九九

編　者

園田雅代（そのだ まさよ）

創価大学教育学部教育学科教授

1955年　東京生まれ。東京大学教育学部教育心理学科卒業。同大学大学院修士課程修了。玉川大学文学部助手，講師，助教授を経て，現職に。その間，総合病院小児科，精神科クリニック，学生相談室などでカウンセラーを兼任。臨床心理士。専門はカウンセリング・臨床心理学。主な著書に『子どものためのアサーション・グループワーク』（共著，日本・精神技術研究所），『現代の臨床心理学』（共著，学術図書出版）など，主な訳書に『セラピストとクライエント』（誠信書房），『人生の浮き輪』（同），『自分を守る力を育てる』（金子書房）など。

片道，約1時間の通勤ドライブがかけがえのないリフレッシュ・タイム。ドライブ中，好きな音楽をかけて一緒に（時に大声で）歌うのがストレス解消。

中釜洋子（なかがま ひろこ）

元東京大学大学院教育学研究科臨床心理学コース教授

1957年　東京は下町生まれ。東京大学教育学部教育心理学科卒業，同大学院博士課程単位取得退学。東京大学学生相談所カウンセラー，ハーバード大学ケンブリッジ病院研修員，東京大学助手，東京都立大学助教授を経て，現職。臨床心理士，家族心理士。専門は，臨床心理学・家族臨床心理学。主な著書に『いま家族援助が求められるとき』（垣内出版），『学校臨床そして生きる場への援助』（共編著，日本評論社），『子どものためのアサーション・グループワーク』（共著，日本・精神技術研究所）などがある。

何より好きなのは，美味しいものを食べること，温泉につかってのんびり過ごすこと。絵を描くこと・映画鑑賞が趣味と迷いなく語っていた時代が懐かしい。

沢崎俊之（さわざき としゆき）

埼玉大学教育学部教育心理カウンセリング講座教授

1957年　東京都生まれ。一橋大学経済学部卒業。東京大学大学院教育学研究科教育心理学専攻博士課程単位取得退学。埼玉工業大学講師，助教授を経て現職に。臨床心理士。専門は学校臨床心理学。主著に『学校臨床そして生きる場への援助』（共編著，日本評論社），『児童期の課題と支援』（分担執筆，新曜社），『心の健康と適応』（分担執筆，福村出版）など。

学生時代からスキーが趣味。数年前，引退後のステンマルクの滑りに出会い，目からうろこが落ちる。以後新たな境地で滑り続けている，と本人は思っている。現在，小学校のPTA活動を仲間とともに楽しんでいる。

執筆者（執筆順）

沢崎達夫（さわざき たつお）　目白大学人間学部心理カウンセリング学科教授
平木典子（ひらき のりこ）　総合的心理療法研究所所長
沢崎俊之（さわざき としゆき）編　者
園田雅代（そのだ まさよ）　編　者
中釜洋子（なかがま ひろこ）　編　者
豊田英昭（とよだ ひであき）　東京都北区立王子第三小学校副校長
学校心理教育研究会代表　学校心理士
鈴木教夫（すずき のりお）　埼玉県春日部市立宮川小学校教諭
尾上友宏（おのうえ ともひろ）静岡県浜松市立中郡中学校校長
材木　定（ざいき さだむ）　静岡県浜松市教育センター
黒木幸敏（くろき ゆきとし）　兵庫県加古川市立山手中学校教諭

（所属・肩書きは2013年12月時点のものです）

[アサーション・トレーニング講座]

教師のためのアサーション

2002年10月25日　初版第１刷発行　　検印省略
2018年１月25日　初版第12刷発行

編　者　園田雅代
中釜洋子
沢崎俊之
発行者　金子紀子
発行所　株式会社　金子書房

〒112-0012　東京都文京区大塚3-3-7
電　話　03-3941-0111
ＦＡＸ　03-3941-0163
振　替　00180-9-103376
URL http://www.kanekoshobo.co.jp

印刷　藤原印刷株式会社
製本　株式会社宮製本所

ISBN978-4-7608-9532-8 C3011　　Printed in Japan